唐宋八大家 的故事

李道英 —— 著

长江出版传媒 长江文艺出版社

图书在版编目（CIP）数据

唐宋八大家的故事：全二册 / 李道英著. -- 武汉：
长江文艺出版社，2024.10
（百读不厌的经典故事）
ISBN 978-7-5702-3579-7

Ⅰ.①唐… Ⅱ.①李… Ⅲ.①唐宋八大家－生平事迹
－青少年读物 Ⅳ.①K825.6-49

中国国家版本馆 CIP 数据核字（2024）第 104144 号

唐宋八大家的故事
TANG SON BA DAJIA DE GUSHI

| 责任编辑：张远林 | 责任校对：毛季慧 |
| 装帧设计：周　佳 | 责任印制：邱　莉　丁　涛 |

出版：长江出版传媒　长江文艺出版社
地址：武汉市雄楚大街 268 号　　邮编：430070
发行：长江文艺出版社
http://www.cjlap.com
印刷：湖北恒泰印务有限公司

开本：720 毫米×1020 毫米　　1/16　　印张：22.75
版次：2024 年 10 月第 1 版　　2024 年 10 月第 1 次印刷
字数：278 千字

定价：59.80 元（全二册）

版权所有，盗版必究（举报电话：027—87679308　87679310）
（图书出现印装问题，本社负责调换）

前　言

李道英

本书取名为《唐宋八大家的故事》，有必要先作点简要的说明，权充"题解"。

"唐宋八大家"，是指唐宋两代八位著名的古文家。唐宋两代是我国古代散文发展的极为重要的阶段。中唐以前，文章的主流文体是通篇两两对偶的骈体文，亦称"时文"。韩愈、柳宗元领导了散文革新运动（史称古文运动），倡导秦汉文章散句单行的体制，时称"古文"。欧阳修领导了北宋的诗文革新运动，与中唐的古文运动一脉相承，实现了古文对骈体文的决定性胜利，确立了古文在此后文坛的主流地位。后人将这两次古文运动的参与者称为"古文家"，将他们的作品称为"唐宋古文"。在唐宋两代众多的古文家中，成就最高的是唐代的韩愈、柳宗元，宋代的欧阳修、王安石、曾巩和三苏（苏洵、苏轼、苏辙），这就是文学史上大名鼎鼎的"唐宋八大家"。然而，在唐宋两代并无这一称谓。把这跨越唐宋两代的八位作家组合成一个作家群体，它经历了一个漫长的过程。最早把他们的部分作品单独编为一集的，是明朝初年朱右选编的《八先生文集》（已失传），所以《四库简明目录》说："唐宋八家之目，实始于此。"但此文集影响有限。直到明朝中期的嘉靖年间，茅坤选编了《唐宋八大家文钞》，这个称谓才正式确立。随着这部文集的广为流传，"唐宋八大家"的称谓也就家喻户晓、妇孺皆知了。

"故事"一词，有多种义项，为人们所常见者有四：一曰旧事。如司马迁《史记·太史公自序》云："余所谓述故事，整齐其世传，非所谓作也。"二曰典故。如欧阳修《六一诗话》云："自《西昆集》出，时人争效之，诗体一变，而先生老辈患其多用故事，至于语僻难晓。"三曰叙事性文学作品中为表现人物性格或展示主题而选取的生活事件，即我们常说的故事情节、故事性。四曰文学体裁之一种。这种文体重在事件过程的描述，强调情节的生动与连贯，多适宜于口头讲述。本书所用"故事"一词，主要取其"旧事"之义。其中虽也有属于二、三、四种义项者，但毕竟为数不多。本书旨在向读者介绍唐宋八大家的事迹，即以人物为单元，选取其一生中某些典型事件加以描述，以期让读者对他们的生平事迹、人际交往、人品性情、处世之道、道德文章，以及生活中的趣闻轶事有一个基本了解，进而全面地认识其人。有鉴于此，本书在写法上借鉴了古代史传散文（如传记、事略、行状等）的某些特点，而又不拘于某一种写法，实际上是一种"四不像"的体式，这样写起来更随便些。

本书在撰写过程中，遵循如下原则：

一、真实性。唐宋八大家不但历史上确有其人，而且他们都是当时的社会精英、文坛名流。他们都有文集传世，正史有传，亲朋故旧均有纪念文章；他们在当时都有广泛的社会交往，门生故吏、亲朋好友多有书信往还和诗词唱和，留下了不少可靠的文字材料；后世关注他们的人颇多，对他们的各方面情况多有收集、考证和评说，而这些文献资料历代广为流传，不少事迹为人们耳熟能详。要再现这样一些人的精神面貌，就必须尊重史实。如若为媚俗而去不负责任地虚构和杜撰，编造离奇故事去吸引读者眼球，那就是对古圣先贤的大不敬。本书主要根据作者的文集、传记和相关的文献典籍，力争再现或接近人物的本来面貌。至于野史、笔记或传闻中类似"戏说"之类的东西，则择其影响较大者酌情入选，但均有对其真伪的分析和评说，而对于那些不靠谱的议论，则坚决弃而不取。

二、知识性。唐宋八大家是我国文学史上名垂千古的人物，他们本身都蕴含着极为丰富的历史文化内涵，全面了解和认识他们，会使我们获取多方面的知识。有鉴于此，本书在撰写过程中，不是简单地叙事，而是有意加入一些知识元素。具体做法有二：一是在必要的地方适当引用原文。引用这些原文，可以帮助读者更具体、更真切地了解事件发生的相关背景、过程及人物的思想情态。这些原文都是古诗文，对一部分读者来说，理解起来可能有一定困难，但这不要紧，读者可根据自己的情况，分别对待。引文中的难字均有注音，难解词都有随文简单注释，必要的地方还有对引文主要意思的诠释。这样就为水平较高或兴趣较大的读者提供了进一步拓展知识、加深理解的空间，而对只求一般了解的读者，也不影响其对事件过程的理解，不会增加其阅读负担。二是插入相关的历史文化知识。生活在唐宋两代的这批名人，他们的一举一动都和当时的社会密切相关，而唐和北宋又是中国封建社会的盛世和前后期转变的时期，封建社会的政治、经济、文化、文学、艺术、宗教等都高度发展和成熟，封建伦理、社会习俗等都已成型，且对后世影响深远。而这些东西对今天的读者来说，又是相当遥远的事情，人们多不甚了了。有鉴于此，本书在适当的地方有意插入一点相关的历史文化知识，诸如科举、伦理习俗、文人习气等。不作繁琐考证和详细论述，只作通俗简要的介绍，读者粗知即可。当然，有兴趣者可以自己再去查阅资料，进行深入了解和探讨。这样做的意图是让读者能尽可能多地了解一些东西，既可加深对事件的了解，也可拓展知识面。

三、可读性。也就是人们常说的趣味性。本书既叫"故事"，当然是以事件为主；既是说事，当然就少不了情节。因此，每个"故事"的来龙去脉是否清晰，叙写是否流畅、生动，就显得非常重要。本书所选八大家的故事，基本上是纪实，这些故事本身，有些有比较生动曲折的情节，有些则没有更多的所谓有意思的故事性（如某些涉及人物的政治态度、文学观念等事件）。本书在尊重史实的前提下，尽量使事件清楚明了，可能的地方也有必要的渲染和艺术加工，但绝不猎奇或刻意夸饰；

文字力求明白易懂，但力避过浅过俗。

四、互见性。韩柳生活于中唐，宋代六大家生活于北宋。韩柳并称，交往甚多，交谊甚深；宋代六大家，王安石、曾巩和三苏，原则上讲都是出自欧门。他们与欧阳修之间都有非常密切的关系；苏氏父子之间，曾巩和王安石之间，曾、王与三苏之间，更是有着剪不断、理还乱的关系。因此，有许多事件都是他们共同经历的，为避免重复，某一事件在某一人处已经写过，如无特殊需要，在另一人处就予以省略。

八大家虽然均称"大家"，但"大"的程度并不等同。他们所处的时代不同，出身和经历不同，社会影响和文学成就不同，当然引起的社会关注度和对后世的影响也不同。因此，我们在具体处理上，自然不能平分秋色，而是有所侧重。韩、柳、欧和苏轼是"大家"中的大家，所占篇幅自然多些；王安石次之，老苏、小苏和曾巩再次之。此书既不是"八大家"的完整传记，也不是对他们的历史功过和文学成就的系统评说，只是提供一个了解和熟识他们的读本。

此书蒙长江文艺出版社抬爱，重新付梓。再版之际，保持原书的体例和风格，只对某些篇目予以删减，对原书中的粗疏错漏之处予以修正。在出版社领导的关注下，特别是在责编张远林女士的多方努力下，此书得以顺利与读者见面，在此深致谢意。

本书在策划编写过程中，得到多位同仁的帮助和指点；在资料收集、文字录入、编排校对方面也麻烦了多位朋友和弟子，在此一并致谢。

本书涉及的历史事件和人物较多；后人对某些历史事件和对八大家本人的认识和评价也多有歧见；记载某些历史事件的各种文献资料，甚至作家的作品本身，不同版本在文字上也多有差异。本书在这些问题的选择、处理上难免有偏颇之处，敬请广大读者和方家不吝赐教。

目 录

韩愈：为文振起八代衰，作人不愧百世师

四举于礼部乃一得 / 003

三选于吏部卒无成 / 005

被迫毛遂自荐 / 007

慨叹人不如鸟 / 010

两入军幕供职 / 012

请示上班时间 / 015

反流俗抗颜为师 / 017

遇危难华山求救 / 020

共患难叔侄情深 / 022

穷乡僻壤的县太爷 / 025

难兄难弟度中秋 / 028

日与宦官为敌 / 030

屈驾访神童 / 032

挑战避讳 / 034

质疑割股 / 037

为牛僧孺造势 / 039

爱才荐贤 / 040

谆谆教子 / 042

发牢骚反被提拔 / 045

力排众议调闲职 / 047

忠犯人主之怒 / 050

祖孙相逢蓝田关 / 053

为民驱鳄 / 054

出资办学 / 057

结友大颠和尚 / 059

改革太学 / 061

推敲 / 063

谀墓之讥 / 065

抚养穷孤的慈善家 / 067

柳宗元：高风亮节义气真，文学辞章传世远

从未到过的老家 / 073

战乱中的童年 / 074

良好的家庭教养 / 076

坎坷的求仕之路 / 078

未曾上任的蓝田尉 / 080

"踔厉风发"的革新者 / 081

不幸的婚姻生活 / 084

十年待罪南荒 / 086

汨罗江口吊屈原 / 088

寄居龙兴古寺 / 090

定居愚溪 / 091

自肆山水撰妙文 / 093

长歌之哀过痛哭 / 096

反对割据论"封建" / 098

巧用寓言刺政敌 / 100

再返京城 / 102

以柳易播 / 105

为政柳州 / 106

种柳柳江边 / 108

遗惠一方 / 109

刘柳之谊 / 110

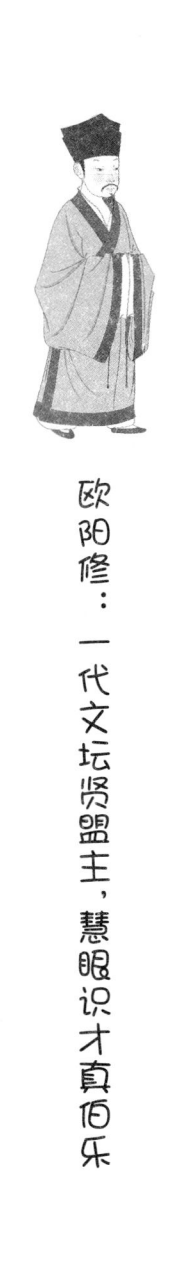

欧阳修：一代文坛贤盟主，慧眼识才真伯乐

艰难的青少年时期 / 117

神交范仲淹 / 118

洛阳三载 / 120

贬官夷陵 / 122

同其退不同其进 / 125

情有独钟尊韩文 / 127

义正词严论朋党 / 130

力主改革吏治 / 132

为政宽简 / 133

不在天命在人事 / 135

犯颜直谏鸣不平 / 137

被贬滁州 / 139

与民同乐 / 141

未老而称醉翁 / 143

知贡举痛抑怪文 / 145

与宋祁的君子之交 / 147

赋秋声而悟养生 / 149

擅停推行青苗法 / 151

以直报怨 / 153

不遗余力举贤才 / 155

果敢刚正之气节 / 156

"六一居士"和"文忠" / 158

"穷而后工"之说 / 159

文笔生动的《归田录》/ 161

成如容易却艰辛 / 162

曾巩：儒学世家之才子，文章风靡于后世

儒学世家的才子 / 169

漫漫求仕之路 / 170

初交欧阳修 / 172

力荐王安石 / 174

清官循吏 / 176

孝父母而抚弟妹 / 178

正直严谨不媚俗 / 179

政事不如文章 / 181

谁说曾巩不能诗 / 184

韩愈：

为文振起八代衰，作人不愧百世师

他以儒者自居，却有许多离经叛道的言论；他一生热切关注现实，直言敢谏，表现出极大的政治勇气和真知灼见；他是唐代古文运动的"旗手"，写出了一流的新体散文，对后世影响深远，堪称"百代宗师"。

四举于礼部乃一得

韩愈出生在一个世代读儒家之书、世代做官的中小官僚家庭。尽管官越做越小,到他父亲韩仲卿只做过县太爷一类的小官,但总还是官宦人家、书香门第。韩愈有三个叔父:韩少卿,曾任当涂县丞;韩云卿,曾任监察御史、礼部郎中;韩绅卿,曾为扬州录事参军、泾阳令。韩愈兄弟三人:大哥韩会,曾任起居舍人、韶州刺史;二哥韩介,短命早夭。韩愈出生于长安,时其父韩仲卿在长安任秘书郎。韩愈三岁丧父,由大哥韩会和嫂嫂郑氏抚养成人。他自幼勤奋上进,"焚膏油以继晷,恒兀兀以穷年",终于学业有成。又因深得乳母和兄嫂的怜爱和抚育才长大成人,他一辈子推己及人,奖掖后进,抚养穷孤,收容落魄文人,赢得"善养士"之美名。

唐朝的官吏来源。大体上有三条路:一是科考,即通过进士、明经等科的考试,选拔人才;二是门荫,即依靠祖上的功勋循例做官,就是不须通过考试直接做官;三是征召,一些社会名流或有突出才能者,经有权势的大官向朝廷推荐,由皇帝降诏书请出做官。韩愈既未出身于豪门,不可能享有"门荫"的优惠,也不是朝廷征召的对象。他要步入仕途,必须靠自己努力,走科举之路。在韩会去世之后,品格贤良而又意志坚定的大嫂郑氏,教育韩愈不辍学业,并按照韩氏奉儒守官的家风,把韩愈送上"学而优则仕"的人生道路;而韩愈自己也颇知自励,刻苦攻读;加上当时家庭经济拮据,解决个人和家族的生计问题已迫在眉睫,也大大增加了韩愈入仕的紧迫感。于是,在唐德宗贞元二年(786),十九岁的韩愈即只身奔赴长安,开始了他为期十年的求仕生涯。

"少小好奇伟"的韩愈,看不起那些胸无大志的凡夫俗子。他立志"事业窥皋(皋陶)稷(后稷),文章灭曹(植)谢(灵运)"(《县斋有怀》)。他对自己的学问和才干十分自负,正像他后来在《复志赋》中所说:"忽忘身之不肖兮,谓青紫其可拾。"就是说,此去京城,只要自己弯腰,随便捡个官做是不在话下的。韩愈怀揣着俯拾青紫的美梦,踌躇满志去到长安,然而,求仕之途却和他的预期大相径庭。

韩愈到京后没有马上参加考试,而是先对进士考试的程式、命题方法,以及考中者的范文,都进行了摸底式的调查研究,自己得出的结论是:像那些考中者所写的文章,自以为可"无学而能",即用不着学就能写成那样,信心十足。于是就"诣州县求举"。贞元三年(787),韩愈顺利地通过了河内县和河南府的两级甄选,获得了乡贡的资格。办好手续后,即入长安应礼部的进士考试,结果是榜上无名。接着又于贞元四年(788)、五年(789)连考两次,依旧名落孙山。科场连遭挫败,对韩愈不能不说是沉重的打击。加上经济方面的压力,着实使他焦虑不安,但他并未丧气,他决定先回宣城探视家人,途中曾干谒过浑瑊、贾耽等当代名公。回宣城后与嫂夫人和侄辈们共同生活了一年,使精神放松,情绪安静下来。同时他继续努力读书,揣摩举业,准备再次应试。

贞元七年(791),韩愈入京第四次参加进士考试。唐代科举考试,规定是用骈体文,又称时文,而韩愈对这种浮华空泛的骈体文十分反感,坚持写秦汉式的古文,自然难合主考官的胃口,所以科场三连败也在情理之中。而贞元七年(791)"知贡举"的是兵部侍郎陆贽。陆贽是唐德宗时的名相,尤长于写文章。他的文章虽属骈体,但有很大的改进。他将古文的笔法融入骈文之中,骈散相间,既有骈文的整饬,又有古文的疏散,是当时真正的文章巨子。辅佐陆贽主持考试的,是当时颇有名气的古文家梁肃和王础。而梁肃和韩会是多年的文字之交,又向来赏识韩愈，梁肃向陆贽举荐韩愈的文章自然不在话下。韩愈虽屡困科场，但因文章写得好而名气渐大，再加上郑余庆、马燧、浑瑊等名人的延誉，韩愈终于顺利通过考试，进士及第。

韩愈四次参考，终于及第，自是可喜可贺。同榜考中者23人，多有像李观、李绛、崔群、王涯、欧阳詹这样的天下名士，发榜之日，时人号称为"龙虎榜"，而这些人中后来有多人出任宰相和朝廷重臣。

唐代有个流行说法："三十老明经，五十少进士。"意思是说，"明经"是靠背经书的，如果三十岁还未考中，年纪一大，记忆力差，就更难考中了。而进士科是考诗文的，靠积累，且竞争远比明经科激烈，所以五十岁能考中，还应是算年轻的。韩愈虽然四次考试才考中，但年方二十五岁，还应算是少年得志。

但是，按照唐代的规矩，考中进士只是取得了当官的资格（唐人称为"出身"），并非每名进士都可立即入仕。如想早当官吃皇粮，就必须参加吏部（相当于干部部）的博学鸿词科考试，唐人谓之"释褐"，意思是可以脱下平民的粗麻布衣服换上官服了。为了尽早入仕，韩愈又义无反顾地踏上了吏部考试的征程。

三 选于吏部竟无成

贞元八年（792）春，韩愈回了一趟洛阳老家，一是取得参加吏部考试的资格，二是与卢氏完婚。同年五月返回长安。应试之前，他曾游凤翔，想借助于凤翔节度使邢君牙为其张扬声名。他在《与凤翔邢尚书书》中写道："布衣之士，身居穷约，不借势于王公大人，则无以成其志；王公大人功业显著，不借誉于布衣之士，则无以广其名。是故布衣之士虽甚贱而不谄，王公大人虽甚贵而不骄，其事势相须，其先后相资也。"这套被后人诟病的"相须""相资"的大道理，并未被行伍出身的邢君牙所领悟，只好无功而返。回长安后写《应科目时与人书》，干谒长安名流韦舍人。书中"托物为喻"，把自己比作"天池之滨，大江之濆（fèn）"间的"怪物"，现困于沙滩，得水则"变化风雨上下于天不难"，希望"有力者"动举手投足之劳而"转之清波"。但同时又表示，如果要自己对"有力者""俯首帖耳摇尾而乞怜"，则自己宁可"烂死于泥沙"，表现了韩愈自高其德而不狂傲、真心求人而不谄媚的做人本色。

他第一次参加博学鸿词科考试的结果是：初试吏部通过，但复审时被中书省某人驳落。对此韩愈既恼火，又无奈。他在《上考功崔虞部书》中，一方面对那些"浮嚣之徒"的不择手段和专事干谒而不学无术进行了严厉的指责，对考试的不公平表示愤慨，另一方面也对自己失利的原因进行了反省和检讨。他认为自己落选的原因是"实与华违，行与时乖"，即从自己的文风和作风两方面来分析。文风方面，自己质朴的文风和科举所要求的浮华文风相违背；作风方面，自己的特立独行、不肯向权贵摇尾乞怜与官场时俗不相容。但信的最后仍坚定自己的信念和操守："夫古人四十而仕……愈今二十有六矣，距古人始仕之年尚有十四年，岂为晚哉！"表示了再战的决心。

尽管韩愈对自己首战失利的原因有了清醒的认识，但由于坚信自己正确，作风和文风都不肯改变，所以贞元九年（793）、十年（794）两次博学鸿词科考试，他均告败北。三战三败，使志在必得的韩愈怒不可遏。他在与挚友崔立之的信中说：如今的考试"诚使古之豪士，若屈原、孟轲、司马迁、相如、扬雄之徒进于是选，必知其怀愧乃不自进而已耳。设使与夫今之善进取者竞于蒙昧之中，仆必知其辱焉"。就是说，如果让屈原、司马迁等人来参加如今的博学鸿词科考试，他们一定不会参加；

如果他们真的与今天的钻营之徒同场竞技，也必然会失败。接着又说，假如自己屈心降格写"俳优之辞"，也不见得会比考中者差。此信借机对当时的考试之法的种种弊端进行了猛烈的抨击，发泄了自己积郁已久的愤慨，但也终究无补于事，而"饥不得食，寒不得衣"的窘迫生活，使他不得不另找出路。

韩愈长安求仕，蹉跎十载，"四举于礼部乃一得，三选于吏部卒无成"，备尝艰辛，而未捞到一官半职。俯拾青紫之梦彻底破灭，万般无奈的韩愈决计要离开长安，暂回河阳老家，另谋出路。他卖掉了自己的一匹瘦马，郁郁东归，离开了长安这块使他希望与失望交织的伤心之地，结束了这一段铭心刻骨的求仕生活。

被迫毛遂自荐

韩愈长安求仕，虽中进士，但仍与做官无缘，而且他在长安的生活也陷于极度困苦之中。万般无奈，韩愈只好硬着头皮，直接三次上书给当时的宰相贾耽、卢迈和赵憬，毛遂自荐，希冀得到一官半职。这就是韩愈文集中著名的三上宰相书。

第一次上书写于贞元十一年（795）正月二十七日。信一开始，即引用《毛诗序》"菁菁者莪，乐育材也。君子能长育人材，则天下喜乐之矣"的话，指出宰相的职责之一就是为天下得人才："然则孰能长育天下之人材，将非吾君与吾相乎？孰能教育天下之英材，将非吾君与吾相乎？"我韩愈就是人才，"其业则读书著文歌颂尧舜之道……其所读皆圣人之书"，并认为自己"求知于天下"是合情合理的；况且自己现在生活困难，"遑遑乎四海无所归，恤恤乎饥不得食，寒不得衣"，而自己对官职的要求并不高:"九品之位其可望,一亩之宫其可怀。"就是说给个九品的官不嫌低(七品就是芝麻官了),给一亩大的院子不嫌小。接着又说,自古以来,在上位的人设立各种官位,制定不同的俸禄标准,目的就是招纳人才;在下位的人努力"修己立诚"以求官位,目的是为国家出力,所以"上之求于人,下之求于位,交相求而一其致焉尔"。既然如此,那么你们这些为皇帝选拔人才的人,就应该"可举而举焉,不必让其自举也;可进而进焉,不必廉于自进也"。言下之意是说,我这个没有"获其所"的人才你们早该举荐了,现在让我来自荐,难道不是你们的失职吗?最后又说,自古就有山林隐士,皇上关心这些人,屡诏内外大臣"旁求于四海",而招来的极少,原因就在于"国家不以非常之道礼之",而是一定要通过礼部、吏部考试,而考的又是"绣绘雕琢"的骈体文。这样一来,很多人就进不了官场而去隐居,"惟恐入山之不深,入林之不密"。如今你们破格录用了我,那些人"闻有以书进宰相而求仕者,而宰相不辱焉,而荐之天子,而爵命之(给官),而布其书于四方",那么他们一定会动心出来做官。

这封长信呈上之后,没有任何反响。韩愈心急如焚,于是又有《后十九日复上书》。在这封信中他举"蹈水火者"求救来说事:有人陷于水火之中而求救,在他身边的人,不仅是他的父兄子弟,即使是对他有所"憎怨",但还不至于非让他死的人,都会尽力救之而不辞。如今我韩愈就是"蹈于穷饿之水火"的人,你们就是看见我"溺于水火"的人,你们有办法救我而不救我,这能算"仁人乎哉?"否则的话,像我韩愈目前的处境,只是时机不合适。"所谓时者,固在上位者为耳,非天之所为也。"也就是说,所谓时机,不是掌握在老天爷手里,而完全是操纵在当权者手里的。信的最后又说:"古之进人者,或举于盗,或取于管库;今布衣虽贱,犹足以方乎此。"意思是说,古时举荐人才,管仲曾举荐二盗贼，赵文子曾为晋国举管仓库之士七十余家，今我韩愈虽是布衣贫贱之士，其地位也足可比于盗贼和管库之人吧！

这第二封信上呈之后，仍如石沉大海。韩愈更是气急败坏，遂又有《后廿九日复上书》。此信用很大篇幅拿当时的宰相与古之周公作比：周公辅佐周成王，求贤若渴，"一食三吐哺""一沐三捉其发"，唯恐冷落了人才，因此，"天下之贤才皆已举用"，国家治理得非常好，所以后人至今"颂成王之德而称周公之功"。如今你们三位在相位已经三年，天下是否已经治理得很好？即使你们今天不能像周公那样吐哺捉发去对待人才，也该引而进之，而"不宜默默而已"。这不仅是说时相远不及周公，而且是直斥他们不作为。信的最后说：古代之士多重于"自进"，是因为当时"于周不可，则去之鲁；于鲁不可，则去之齐；于齐不可，则去之宋、之郑、之秦、之楚"。这个国家不用，就到另一个国家去，有的是选择空间，不会在一棵树上吊死。而"今天下一君，四海一国，舍乎此则夷狄矣，去父母之邦；故士之行道者不得于朝，则山林而已矣。山林者，士之所独善自养而不忧天下者之所能安也；如有忧天下之心，则不能矣"。就是说，如今只有一个皇帝，只有一个唐朝，离开唐朝，就出国到夷狄之邦了，所以今天的有道之士，如果不能进于朝廷，那就只好入山林当隐士；而当隐士，都是"独善自养""不忧天下"之人，如有忧天下之心，就决不会当隐士。意思很明白：我韩愈一不出国去事夷狄，二不入山林当隐士。我不但是人才，而且有"忧天下之心"。我的唯一出路就是入朝做官。我之所以"每自进而不知愧焉；书亟上，足数及门，而不知止焉"，就是因为"惴惴焉惟不得出大贤之门下是惧"，就是说，就怕你们不引荐我。

前后四十天左右，接连呈上三封信，陈述自己的志向，诉说自己的苦衷，孜孜求仕，以期有意外的成功。这三封信均为求人引荐的干谒文字，后人对韩愈求仕的躁急多有微词，认为他是戚戚于贫贱，汲汲于富贵，其实这种认识并不全面。三封求人之作，不但全面而深刻地阐述了国家广泛吸纳人才的重要性和宰相在这方面应承担的重要责任，而且淋漓尽致地抒发了他对科考"试之以绣绘雕琢之文"的强烈不满，对社会不公、宰相不作为的愤慨不平，也代表了像韩愈一样的一大批孤立无援之士的共同呼声，是典型的鸣不平之作。三篇上书，理由堂堂正正，气势咄咄逼人，感情强烈，慷慨陈词，不见有多少摇尾乞怜之态，倒不乏猖狂恣睢之气，绝非一般干谒文字能比，也非一般庸碌之人所能为。

长安之大，容不下一个韩愈；官位之多，没一个属于韩愈；求诸宰相，宰相尸居禄位，不予理睬。山穷水尽的韩愈，只能"怀书出皇都，衔泪渡清灞"，无可奈何地结束了长安十年的求仕生涯，含泪渡灞水而郁郁东归。

慨叹人不如鸟

韩愈十年长安求仕，备尝生活艰辛，深感世态炎凉。俯拾青紫的美梦成了泡影，只得含泪离京。

韩愈于贞元十一年（795）五月初二离开长安，初七即出了潼关，停息于黄河南岸。此时看见有人笼子里装着白鹦鹉鸟西去，一边走，一边高喊：某地之某官，派使者进鸟于天子！其狐假虎威，声势显赫，东西行人都躲避路旁，不敢正眼相看。见此情景，韩愈心中很不是滋味，"因窃自悲"，想到自己有幸生于太平盛世，读书著文二十二年，至今"曾不得名于荐书（被人举荐），齿下士于朝（在朝中做小官）""今是鸟也，惟以羽毛之异（该黑而白），非有道德智谋、承顾问、赞教化者，乃反得蒙采擢荐进，光耀如此"。就是说，自己有才有德，至今未得一官半职，此鸟无德无能，仅以羽毛特殊，反被荐之于朝，如此光荣显耀。"故为赋以自悼，且明夫遭时者，虽小善必达；不遭时者，累善无所容焉。"于是，就写下了《感二鸟赋》一文。

赋中说："感二鸟之无知，方蒙恩而入幸。惟进退之殊异，增余怀之耿耿。"二鸟无知，却能蒙恩入幸；自己有才，却被斥退，这鸟"进"人"退"，实在令人难以理解，难以接受，却是千真万确的事实，这使本有"不遇时之叹"的韩愈更增不平，深深慨叹"余生命之湮阨，曾二鸟之不如"。人不如鸟，这是什么样的世道！这不能不使韩愈发出"时所好之为贤，庸有谓余之非愚"的愤怒呼喊。所谓"时好"，无非指在上者的贪腐享乐，重用奸佞之徒；在下者贪赃枉法，阿谀邀宠，像给皇帝献鸟的地方官之流就被认为是识时务的智者，而像韩愈这样的正直之士就被人们认为是愚不可及。但韩愈毕竟是韩愈，而不是羡慕荣华富贵的凡夫俗子。他在发过牢骚之后，又回到考虑自己："盖上天之生余，亦有期于下地。盍（何）求配于古人，独惆怅于无位！"老天爷既然生了我，必定会有用处，我又何必力慕古人，对未得到官感到不痛快呢！这还真有点李白"天生我材必有用"的味道。最后表明自己的态度："幸年岁之未暮，庶无羡于斯类。"韩愈此时二十八岁，还是风华正茂之年，虽然失意潦倒，但来日方长，机会尚多，自己绝不会羡慕"二鸟"。

这是一篇感怀之作，既揭露地方官阿谀邀宠的丑行，也指责了皇帝、宰臣们重鸟轻贤的荒谬，同时也抒发了自己怀才不遇、生不逢时的慨叹与不平。

但也因为这篇赋，后人对韩愈的人品节操颇有微词。宋人欧阳修在其《读李翱文》中就说："愈尝有赋矣，不过羡二鸟之光荣，叹一饱之无时尔。此其心使光荣而饱，则不复云矣。"显然是批评韩愈不能守穷，叹一饱之无时,羡二鸟之光荣。因欧阳修是名人,所以后人多引此论来非议韩愈。其实,欧阳修的话并不全面,在这一点上,似乎是误解了韩愈。韩愈在此赋和小序中,反复表达了自己"自悲""自悼"的"不遇时之叹",是对朝廷"遗贤"的控诉,并在赋的结尾处表明了天生我材必有用的自信,更断然表示了"无羡于斯类"的态度。

人不如鸟,是韩愈愤怒的叹息。读这样的文章,想当时之情状,令人心酸,发人深思。

两入军幕供职

贞元十一年(795)五月至九月,韩愈在老家河阳度过了一段清贫而安闲的乡居生活。但他求仕之心未泯,遂于这年九月离家奔赴一河之隔的洛阳。洛阳是唐王朝的东都,王侯达官如织,显然是一个便于他从事干谒活动的理想之地。在洛阳的日子,同样是落寞的,但不久,天上就掉下了馅饼。

贞元十二年(796)三月,董晋以兵部尚书充东都留守兼东都畿、汝州防御使来到洛阳。董晋是一位名人,曾与韩愈叔父韩绅卿为同僚,韩愈在长安十年虽未捞到一官半职,但因文章写得好,名声大噪,想必董晋亦知其人。所以他一到洛阳,即接纳韩愈入幕,这使韩愈大喜过望,一辈子都感激董晋的知遇之恩。同年七月,汴州发生兵乱,朝廷命董晋平叛,董晋急赴汴州,韩愈即随董晋前往。董晋是个宽厚长者,史称"柔儒",他对汴州的乱局沉静不惧,在"不用兵卫"的情况下进入汴州,很快平息了事态。

韩愈在董晋幕府,最初被辟为节度掌书记。董晋身为宰相而兼汴州刺史，其幕僚多为资深人士，如汝州刺史陆长源，左司郎中杨凝、殿中侍御史杜伦、孟叔度等，只有韩愈是个布衣之士。有人讥笑他为"年辈相辽（资历差距太大）"。"愈闻而答曰：'大虫（老虎）老鼠，俱为十二相属，何怪之有！'旬日传布于长安。"看来韩愈并不介意此事，他所关注的是要干工作。节度掌书记只是董晋给他的头衔，并非朝廷正式任命，所以工资待遇不高，而又无多少事情可做，这使得他郁郁寡欢。贞元十三年（797）七月，韩愈"有负薪之疾，退休于居"（《复志赋》序）。所谓"负薪"，有两解，一是贱者之称，二是士人有病之称；所谓"退休"，不是我们今天所说的"退休"，而是从官府退下来在家休息。看来是韩愈因病休假，但从其《复志赋》来看，他是不甘心于屈居幕府，也不满于朝廷的正式任命迟迟不下达，于是借泡病号来向董晋施压，其真实意图是伸手要正式的官职，要干实实在在的工作。大概是董晋领悟了韩愈的真意，暗中催促，大约在贞元十四年（798）初，朝廷的正式任命下来，任命韩愈为汴州观察推官，加秘书省校书郎衔，为从九品下的小官。尽管韩愈对这官微禄薄的职务不满，但他毕竟已正式成为吃皇粮的国家公务员，再加上碍于董晋的面子，还是在这里待下去了。一年之后，即贞元十五年（799）二月，董晋突然去世。韩愈因与董晋的特殊关系，亲自护送董晋的灵柩到洛阳。董晋一死，汴州又乱，叛军杀了陆长源等众多幕僚。韩愈因去洛阳而幸免于难。虽然保住了一条命，但官又丢了，并且与家人离散，吉凶未卜。后得知其家眷在其堂兄的帮助下抵达了徐州，而韩愈也在经历了二十多天的惊恐忧患之后，于二月底到达徐州和家人团聚。

韩愈全家逃到徐州，投奔时任徐、泗、濠三州节度使的张建封。张建封曾当过宰相，故韩愈称其为"张仆射"。张建封是一个"慷慨负气"、以功名为己任的人物，又有"礼贤下士"的好名声。韩愈自称张建封"与吾有故",是老相识,故来相投。张建封也真够哥儿们,不但安排他全家居住在睢水北岸,而且给了他相当不错的物质待遇。韩愈在其诗中对其生活状况有详尽描述:"箧中有余衣,盎中有余粮。闭门读书史,清风窗户凉。"(《此日足可惜一首赠张籍》)"妖姬坐左右,柔指发哀弹。酒肴虽日陈,感激宁为欢?"不但衣食有余,有暇读书,而且是酒肴日陈,歌姬侍候,日子不可谓不潇洒。但韩愈不是庸人,不愿吃闲饭,他还是要官做,要事情干的,这"感激宁为欢"一语,即委婉而又明白地亮出了自己的底牌:你给我优厚的生活待遇,我很感激,但这样的日子却不是我所乐意的。以张建封的聪明,不难悟出韩愈是伸手要官做。于是张建封就给了他一个徐州节度推官,加协律郎的职衔,给张建封参谋军事。

韩愈是个直性子的人,秉性不改,有见辄言,史称"发言直率,无所畏避"。张建封官高势大,就不喜欢别人给自己提意见,而韩愈却就喜欢给他提意见。如张建封要求幕僚严苛,规定了"晨入夜归"的上班时间,韩愈觉得受不了,理直气壮地和他讨价还价;张建封喜欢打马球,而韩愈则写信给张建封,大谈打马球之害:"有危堕之忧,有激射(冲撞,冲击)之虞,小者伤面目,大者残形躯。"不但说打马球是高危险运动,容易摔倒受伤致残,而且还不客气地批评张建封"谏者不休,执事不止"的顽固态度;他对张建封经常摆酒作乐也时有非议。由于韩愈直言无忌,与张建封时有冲突,关系难以协调,再加上他对百无聊赖的幕府生活厌倦,遂起离开徐州之意。其得意弟子兼侄女婿李翱知其在徐州过得不愉快,致信希望他再回长安以谋发展。韩愈认为:徐州虽非"可乐"之地,张建封也非"大相知"之人,但长安更是让他心灵深受创伤的可畏之地。徐州待不下去,长安又不愿去,几经斗争,最终韩愈决定离开徐州,另谋出路。遂于贞元十五年(799)秋天,罢去幕职,举家离开徐州，西行至洛阳，结束了两入军幕、寄人篱下的生活。

请示上班时间

张建封虽有礼贤下士之名声，但对待下属有时却过于严苛。

韩愈被张建封辟为徐州节度推官，自然感激；但对幕府中"晨入夜归"的上班时间有意见，他就想和张建封商量一下，他的上班时间是否可以自己来定。这本是下级求上级之事，用"请示"恐怕更合适，但因他与张建封有旧，所以就以信的形式和张建封商量，写下了《上张仆射书》这篇张扬个性的奇文。

信的开头叙述写信缘由：说自己一上班，就"有小吏持院中故事节目十余事来示愈"，即拿来幕僚"守则"给他看。其中"有自九月至明年二月之终，皆晨入夜归"，即按秋冬作息时间表行事，不是有病不许出去。韩愈说，对某件事，有人能那样做，有人就不能。"晨入夜归"之事，就是我所不能的。"抑而行之，必发狂疾。"如果强迫我这么做，我一定要发疯了。我一发疯，对上，我没法完成您交给我的工作；对下，我会违心而"无以自立"。这样问题就大了，所以此事就不得不说了。

接着就大讲上下级之间应是一种什么关系。"凡执事之择于愈者，非为其能晨入夜归也，必将有以取之。苟有以取之，虽不晨入而夜归，其所取者犹在也。"就是说，您之所以请我入幕，并不是因为我能遵守作息时间，而是看上我有可取之处。既然如此，那么即使我不严守作息时间，我的可取之处还依然存在。所以，咱们上下级之间应有一种和谐的关系："下之事上，不一其事；上之使下，不一其事。量力而任之，度才而处之，其所不能，不强使为是，故为下者不获罪于上，为上者不得怨于下矣。"就是说，上下级之间，什么事都不要一刀切，要根据每个人的不同情况，区别对待，人家做不到的事，就不要强迫他，这样就可以做到下级不得罪上级，上级也不会被下级埋怨，关系自然十分和谐。

再接下去，就入了商量上班时间的正题：咱们是老相识了，"若宽假之使不失其性（宽待我使我不失本性），加待之使足以为名（优待我使我有名声），寅而入（早上四五点钟上班），尽辰而退（九点钟我回去），申而入（下午四点来钟我再来），终酉而退（晚七点钟回家）；率以为常（每天如此），亦不废事（不耽误正常工作）。"就是说，他可以按时上下班，但中间要回家休息三个时辰（六个小时）。在封建时代，韩愈要求对他实行弹性工作制，并且天天如此，无疑已属过分；然其所讲理由，更让人瞠目结舌。

他说，您如果同意了我的建议，那么对您、对我的好处可都太大啦："天下人闻执事之于愈如是也（如此对待我韩愈），必皆曰：执事之好士也如此（您如此喜欢贤才），执事之待士以礼如此（如此礼贤下士），执事之使人不枉其性而能有容如此（如此宽容而不委屈人性），执事之欲成人之名如此（如此成人之美），执事之厚于故旧如此（如此厚待老朋友）。又将曰：韩愈之识其所归也如此（如此明于选择主人），韩愈之不谀屈于富贵之人如此（如此不巴结权贵），韩愈之贤能使其主待之以礼如此（如此贤达使其主人待之以礼），则死于执事之门无悔矣。"就是说，您如同意我的建议，那肯定是一个双赢的结果；果真能如此，那我就给您卖命，死而无悔。但是如果您不采纳我的建议呢？那对您、对我的坏处可都太大啦："若使随行而入，逐队而趋（和一般幕僚一样进退），言不敢尽其诚（有话不敢说），道有所屈于己（委屈我的做人之道），天下之人闻执事之于愈如此（您如此对待我），皆曰：执事之用韩愈，哀其穷（可怜他穷困），收之而已耳（收容他罢了）；韩愈之事执事（替您工作），不以道（不是因为行道），利之而已耳（只为得点私利）。苟如是（假如是这样），虽日受千金之赐（您每天赏我千金），一岁九迁其官（一年给我升九次官），感恩则有之矣（让我感恩是可以的），将以称于天下曰：知己知己，则未也（让我对天下人说您是我的知己，没那么回事）。"就是说，如果您不采纳我的建议，您充其量只是我的"恩人"，而根本算不上是我的知己。

一封求人之作，理由堂堂正正，气势咄咄逼人；无视官府成规，要求人格尊严，这种对自己才干的自信，对自己个性的张扬，确属自古少有。即使在上下级平等，讲人性、讲和谐的今天，如遇这类事情，敢这样做的能有几人！

反流俗抗颜为师

唐代是一个十分开放的社会，文化和文学都十分繁荣，但也有一种极坏的风气，就是在士大夫中有一种耻于从师求学的狂妄风气。

贞元十八年（802），韩愈出任国子监的四门博士。四门学的学生兼有下层贵族和平民的子弟，而"博士"只是一个学官，为从七品上，地位和待遇都不高。韩愈对此并不太满意，因为离他"以救世为事"的理想目标差距太远，但他是一个忠于职守的人，对这个教授的工作还是尽心竭力的。

由于韩愈的文名日渐远扬，又在京城这人文中心任学官，所以国子监的学生，以至社会上的青年人，来向他请教的越来越多，而韩愈则是有求必应，有问必答，有信必回，对年轻人如何进德修业、写作古文等，都是循循善诱、谆谆教诲。他的弟子中多是年轻的晚辈，但也有和他

"年相若",甚至年长于他的。但韩愈对凡是登门求教者,一律称为弟子,从不避讳师弟子的名分,而这无疑触犯了社会上那些耻于以弟子自居者的信条。于是就有人起来攻击韩愈。韩愈深感有整顿一下这种不良风气的必要,于是写下了《师说》一文,这一下就招来了更为强烈的攻击和谩骂。当时的情况,柳宗元在《答韦中立论师道书》中有生动的记载:"今之世不闻有师,有,辄哗笑之,以为狂人。独韩愈奋不顾流俗,犯笑辱,收招后学,作《师说》,因抗颜而为师。世果群怪聚骂(成群地聚集在一起责怪和谩骂),指目牵引(用手指画、递眼色、互相拉衣角以示意),而增与为言辞(添油加醋恶意评论),愈以是得狂名(被认为是疯子)。"

韩愈理直气壮当老师。写了一篇劝人从师求学的文章,竟遭到如此激烈的攻击和谩骂,其根本原因是他的言行与当时的社会陋习背道而驰。韩愈在《师说》一文中针对社会积弊,系统地阐述了为师之道、求学之道、师弟子关系等观念。

文章一开头就指出:"古之学者必有师。"接着就明确提出择师的标准,或者说是老师的职责:"师者,所以传道(传授儒家的思想、学说)、受业(传授学业知识)、解惑(解答道、业两方面的疑难问题)也。"并进一步指出:"人非生而知之者,孰能无惑?"有惑则必从师,充分肯定了从师求学的必要。

文章针对社会上对老师长幼、贵贱的议论,明确提出了"吾师道也"的观点,"是故无贵无贱,无长无少,道之所存,师之所存也"。即是说,不分地位贵贱、年岁长幼,谁掌握了"道",谁就可以为师。

文章接着又严厉批评了社会上的不良风气:古之圣人犹"从师而问焉",而"今之众人,其下圣人也远矣,而耻于从师";让自己的孩子读书识字,而自己"道"之不知,"惑"之不解,则不从师;巫医乐师百工之人"不耻相师",而士大夫之族则找种种借口不从师,其"智"反在巫医乐师百工之人之下。

文章又说"圣人无常师"。孔子是圣人,犹且"师郯子、苌弘、师襄、老聃";并以孔子"三人行则必有我师"的名言来议论:"是故弟子不必不如师,师不必贤于弟子,闻道有先后,术业有专攻,如是而已。"老师不必处处都比学生强,学生不必处处都不如老师,谁有"道""业"方面之长,谁就是老师。

文章最后又表彰了乐于从师求学的弟子李蟠。

这篇《师说》的主旨在论师。文章确定了"师"的概念,强调了老师的主导作用,提倡"不耻相师""无常师",唯道是学,批判了耻于从师求学的恶劣风气和封建门第观念,提出了建立能者为师的新的师生关系,大大突破了传统儒家鼓吹师道尊严的藩篱。

在韩愈生活的中唐时代,他能不顾流俗,不怕笑辱,抗颜为师,是要有巨大的勇气的。写《师说》这样不同流俗的文章,也可以说是冒天下之大不韪的。

一篇《师说》是韩愈对从师求学问题的系统阐释,是对耻于从师求学社会恶习的强烈批判和大胆挑战;也是对自己作为一名教师的人格尊严的捍卫。面对强大的社会压力,韩愈不仅抗颜为师,而且大力弘扬了师道,大大丰富和发展了古代教育理论,其中许多精辟见解今天仍不失为中肯之论。

韩愈一生四入太学:三为博士(教授),一为祭酒(相当于校长),弟子满门,他不愧为一位教师的楷模、一位杰出的古代教育家。而其不惧社会压力,挑战社会积弊的大无畏精神,尤其值得后人学习。

遇危难华山求救

李白称自己"五岳寻仙不辞远,一生好入名山游"。他除了是位伟大的浪漫主义诗人外,还是一位货真价实的旅游家,一生饱览祖国的大好河山。韩愈在这方面不及李白,但也颇有山水之好。他每到一地,闲居也好,任公职也罢,总不忘记去领略山水美景,陶冶性情。他的《山石》《南山诗》等许多山水名作,说明很多山水佳丽之处都留下了他的足迹。

韩愈一生宦游四方,名山大川,所历无数,艰难险阻,多所经历,然其最为狼狈的一次,莫过于游华山之险。

唐人李肇《唐国史补》卷中有一条记载:"韩愈好奇,与客登华山绝峰,度不可返,乃作遗书,发狂恸哭,华阴令百计取之,乃下。"宋人王谠的《唐语林》卷四也载此事。韩愈何时、与谁一起游华山的?是否因下不来而"作遗书,发狂恸哭"?华阴县县太爷又是如何设法救下他的?史载语焉不详,但就韩愈的性格和从其某些诗文来看,韩愈游华山之事还是基本可信的。

华山是我国著名的五岳之一,挺拔俊秀,势凌云天,有"奇险天下第一山"之誉。这西岳华山,背靠苍茫的秦岭,面临滔滔的黄河,海拔两千二百余米,蔚为壮观。"太华五千仞,重岩才沓起。势飞白云外,影倒黄河里。"众多描摹华山雄姿的诗句,以及"山顶有千叶莲花,因名华山"的名字来历,无不引起古往今来人们对这座天下名山的无限向往和遐想。韩愈确曾游过华山,时间大约在贞元十八年(802)春夏之交。当时未留下诗文。数年后,他在《答张彻》一诗中曾回忆:"洛邑得休告,华山穷绝径。倚岩睨海浪,引袖拂天星。"他这一次登临华山极顶,一览华山的无限风光。

人称"自古华山一条路"。华山景色奇绝，路亦奇绝，只要你听一听"猢狲愁""阎王砭""上天梯"之类的路名，就会感到心惊肉跳，然而华山之路最为险要的还是"千尺幢""百尺峡""老君犁沟"和"苍龙岭"四处。人们经过"千尺幢""百尺峡"，顺着"老君犁沟"再往上爬，就到了华山的北峰。由北峰折而向南再往上走，便到了著名的险道"苍龙岭"。这苍龙岭在北峰和中峰之间，远看犹如一条蜿蜒的曲线，在山岚雾霭之中时隐时现，近看却只是一条宽不盈尺的山梁，下临万丈深渊。古人从这里经过，都只能坐在地上，骑岭而过，《水经注》称之为"搦岭"。稍不小心，失足跌落，势必粉身碎骨。常人尚且如此，何况韩愈这个胖子！相传韩愈游山至此，惊恐万状，想到自己难以返回，绝望之中，他写了遗嘱，自己在山上号啕大哭，并投书给华阴县县令。华阴县的县太爷得知此事，不敢怠慢，想尽一切办法把韩愈救了下来。至今苍龙岭附近还有一处所在，石壁上刻着"韩退之投书处"几个大字，告知后人韩愈即在此处遇险。

《唐国史补》虽称"国史"，但也多有铺张不实之词，并非信史；"韩退之投书处"虽非今人制造的假古董，但出于后世好事之徒的附会亦未可知。因为韩愈在《答张彻》诗中只讲到"悔狂已咋指，垂诫仍镌铭"。看来，韩愈后来"悔狂"是有的，而"发狂恸哭"和"作遗书"云云，大概是出于小说家的想象。古人姑妄言之，今人姑妄听之。不过有一点还是值得一提的，那就是这个传说和韩愈"好奇伟"的个性还是基本吻合的：他老先生什么事都可能干得出来。

共患难叔侄情深

韩愈三岁丧父,由大哥韩会和嫂嫂郑氏抚养成人。韩会无子。韩会是老大,当然不能无后,于是就将韩愈二哥韩介次子老成(即十二郎)过继给韩会为嗣。这样,韩愈和老成就都养于韩会家中。二人虽系叔侄,但年龄相差无几,从小就生活在一起,堪称"发小"。韩会中年死于贬所韶州之后,郑氏带领他们叔侄辗转来到韩会的"宣城别业(另一处产业)"。虽还衣食无忧,但家道中落,韩氏两代,唯剩韩愈和老成这两个未成年的男子,凄楚之状,不难想象。但二人也从这患难生活之中,结下了深厚的感情。

唐德宗贞元二年(786),十九岁的韩愈赴长安求仕,和老成暂告离别。贞元六年(790),韩愈回宣城探视。贞元十一年(795),韩愈回河阳老家扫墓,都和老成有短暂会面。贞元十三年(797),韩愈任汴州观察推官,老成前往探视,住了一年,老成请求回去接妻儿来汴州与韩愈一起生活,但不久因董晋去世,汴州兵乱,韩愈丢官而未能成行。后韩愈又任徐州节度使推官,派人去接老成一家,但不久又因韩愈离开徐州而作罢。贞元十八年(802),韩愈任四门博士,曾想接老成来京,老成不肯来。贞元十九年(803),韩愈由四门博士调任监察御史,官运稍有好转,正准备接老成一起生活,却意外得到老成不幸去世的噩耗。韩愈悲痛欲绝,写下了祭文中的"千年绝调"《祭十二郎文》。

文章开头写叔侄幼时孤苦相依的情景:"两世一身,形单影只。嫂尝抚汝指吾而言曰:'韩世两世,惟此而已!'汝时尤小,当不复记忆;吾时虽能记忆,亦未知其言之悲也。"儿时生活,生动再现。接着是回忆叔侄间多次匆匆离合而最终导致死别,并不无自责地叹息:"吾与汝俱少年,以为虽暂相别,终当久相与处,故舍汝而旅食京师,以求斗斛之禄。诚知其如此,虽万乘之公相(即使给我宰相),吾不以一日辍汝而就也(我也不会离开你一天去上任)。"死别之痛,交织着自己宦海浮沉的人生感慨,感人至深。再接着写自己得到老成去世消息时的复杂心理。原以为自己未老先衰会早死,会使老成抱"无涯之戚",而如今却是"少者殁而长者存,强者夭而病者全"。韩愈怎么也不敢相信这是真的:"其信然邪(真是这样吗)?其梦邪(还是做梦呢)?其传之非其真邪(消息误传)?"而严酷的现实是:"东野之书(孟郊带来的信),耿兰(仆人)之报(报丧信),何为而在吾侧也?"老成之死不是梦,不是误传,而是千真万确。文中将自己将信将疑,又从疑到信的思想过程,写得详细而逼真,并进而写到,自己的健康状况日益恶化,"几何不从汝而死也?死而有知,其几何离?其无知,悲不几时,而不悲者无穷期矣(意即死后长期相处)"。这种关于人死后有知无知的议论,以及对两家孩子年幼、难寄希望的悲叹,萦回呜咽,动人心魄。再接下去是讲老成的死因和死期。老成原有脚气病,老成是因此而死呢,还是另有他病,韩愈不得而知;孟郊的信和仆人报丧信所讲老成的死期相差半月之久,老成究竟死于何时,韩愈弄不清楚。连侄儿得什么病,什么时候去世都未弄清,其悲伤和遗憾之情,不言自明。祭文的最后部分是交代后事及直抒哀情。韩愈先派仆人建中前往凭吊祭祀,视其家中生活状况而决定是否接其家属来京;将来如有力量,将为老成迁葬归河阳祖坟;"教吾子与汝子,幸其成(希望他们成人立业);长(抚养)吾女与汝女,待其嫁"。——交代后事,希冀老成能无后顾之忧,安息于九泉之下。同时,韩愈再次集中抒写自己的哀情:"呜呼!汝病吾不知时,汝殁吾不知日,生不能相养以共居,殁不能抚汝以尽哀……吾行负神明而使汝夭,不孝不慈,而不得与汝相养以生，相守以死；一在天之涯，一在地之角，生而影不与吾形相依，死而魂不与吾梦相接，吾实为之（这都是我造成的），其又何尤（又能怨恨谁呢）？彼苍者天（苍天啊），曷其有极（我的悲痛何处是尽头呢）？"对自己没有尽到叔父应尽的责任深感愧疚，强烈的自责使自己痛不欲生。

这是一篇叔父祭奠侄儿的祭文。按一般祭文惯例，称颂死者是必不可少的内容，老成虽不是什么大人物，一生过得很平凡，但总会有些好处值得称颂，而韩愈在这篇祭文中一概舍弃，只字未提老成有何德何能。文中所涉，都是一些值得怀念、忧戚和遗憾的生活琐事。在这些如叙家常的叙写中，处处融进作者的至痛之情。叔侄情深，又遭死别。韩愈既痛老成壮年早逝，又深责自己未尽到叔父之责，更叙自己现在所能做之事，以作为对老成的感情补偿。

就是这样一篇在传统祭文中不伦不类的文字，却赢得千百年来人们的激赏。茅坤说："读韩退之《祭十二郎文》通篇情真刺骨，无限凄切，祭文中千年绝调。"林云铭说："祭文中出于至情之语，以兹为最。"蔡铸说："自始至终，处处俱以自己伴讲，写叔侄之关切，无一语不从至性中流出，几令人不能辨其是文，是哭，是墨，是泪。"一言以蔽之，此文感人者，至情也。韩愈写此祭文，不是有意做文章留给后人看，而是为了倾吐自己的叔侄亲情和悲情。文章如叙家常，却充满生活气息；虽多抒情，但感情真挚，绝无为文造情之弊。读这样的文章，可以想见韩愈写此文时边哭边写的情状，这如泣如诉的血泪文字，自会引起人们强烈的感情共鸣，久传而不衰。

穷乡僻壤的县太爷

唐德宗贞元十九年（803），韩愈由四门博士迁监察御史。监察御史与侍御史、殿中御史台称为"三院御史"，隶属于御史台，是中央监察机关。监察御史号称"察院""掌分察百僚"。这个官，职位不算高，待遇也不算丰厚，但属清要之职，可以直接向朝廷反映情况，提出建议，就是说有一定的话语权，这对于"当世之得失，未尝不经于心也"的韩愈来说，是一个相当不错的职位，再加上刘禹锡、柳宗元、张署等韩愈的好友也同时在御史台任御史，所以韩愈由大学教授调任此职，他是相当满意的，工作也是尽职尽责的。但是，他的麻烦也就出在他对工作的"认真"上。

贞元十九年，气候异常，先是春夏大旱，后是秋天早霜，农业生产遭受严重影响，粮食歉收，关中和京畿一带闹饥荒，灾情严重，以致朝廷都停止了这年的科举考试。而时任京兆尹（相当于长安市市长）的李实却对唐德宗谎报灾情，说什么"今岁旱而禾苗甚美""由是租税皆不免"。由于照收租税，"人穷至坏屋卖瓦木、麦苗以输官。优人成辅端为谣嘲之，（李）实奏辅端诽谤朝政，杖杀之"。李实是皇族，又身居要职，极有权势，所以朝臣们对于他隐瞒灾情和为掩盖事实真相而草菅人命的恶劣行径多噤口不谈。

韩愈作为监察御史到京畿考察，了解了当时农村的惨状，因上疏论天旱人饥，触怒权奸李实，被贬为阳山令。此事牵连好友张署，被贬为临武令。阳山属于连州（今属广东省），临武属于郴州（今属湖南省）。二州相连，唐时均属江南西道，而两县相距则不足二百里。

由于朝廷逼迫，二人匆忙登程。在一个严寒的冬日，二人出长安东门，经蓝田县入商山，开始了漫长而艰难的贬途跋涉。

这一路，二人备尝艰辛：由蓝田入商山，山高路险，大雪弥漫。"褰衣步推马，颠蹶退且复。"严冬苦寒，举步维艰。"岁弊寒凶，雪虐风饕，颠于马下，我泗君号。"（《祭河南张员外文》）这两位读书做官的人哪受过这份罪？过洞庭，渡湘水，风涛连天；登九嶷，过五岭，鸟兽哀号，这二位又何曾经历过如此惊吓？经过四个月的奔波，九死一生，到达阳山。

韩愈幼年时曾随兄嫂在韶州（今广东韶关）生活过一段时间。但这阳山比韶州还要靠南，地方也更加荒僻。据韩愈在《送区册序》中描写："阳山，天下之穷处也。陆有丘陵之险，虎豹之虞；江流悍急"，显然是穷山恶水之地；"县郭无居民，官无丞、尉，夹江荒茅篁竹之间，小吏十余家，皆鸟言夷面。始至，言语不通，画地为字，然后可告以出租赋，奉期约"。县城不像县城，官吏不像官吏。别处都是县令之下有县丞、县尉，而在这里却是韩愈集令、丞、尉职责于一身；由于语言不通，只能"画地为字"进行交流，向官吏们传达"出租赋，奉期约"的任务。这个汉武帝时才建立的小县之荒蛮落后，于此可见一斑。同时，生活环境也相当恶劣："下床畏蛇食畏药，海气湿蛰熏腥臊。"（《八月十五夜赠张功曹》）"江氛岭祲（jìn，妖气）昏若凝，一蛇两头未见曾。怪鸟鸣唤令人憎，蛊虫群飞夜扑灯。"（《永贞行》）异鸟怪兽，瘴烟毒气，使其衣食住行颇不适应。贞元二十年（804）冬，韩愈和张署曾于两县邻界处又一次约见，"一夕相语"。韩愈后来回忆当时的情景："枕臂倚眠。加余以股。仆来言告，虎入厩处。无敢惊逐，以我㺚（méng，驴子）去。"两位县太爷夜间枕臂相依而眠，显然不是什么高级宾馆；半夜老虎入厩，竟然把韩愈所骑的驴叼走了。县太爷没有骑马坐轿，只能骑驴，而驴又被老虎吃掉，显然不是贪官，而作为县太爷，物质条件的匮乏，生活环境之狼狈，自然不难想象。

韩愈蒙冤至此，此地又如此荒蛮落后，使他的心情很不好。但日子一久，情绪慢慢平静下来。阳山宜人的山水风景，颇使喜欢山水的韩愈愉悦，而新交的众多朋友，也使他逐渐远离了孤独寂寞。他在《县斋读书》一诗中对其生活有具体描述："出宰山水县，读书松桂林。萧条捐末事，邂逅得初心。哀狖醒俗耳，清泉洁尘襟。诗成有共赋，酒熟无孤斟。"在这佳山丽水之中，读书，垂钓，游山戏水，与朋友饮酒赋诗，又少俗务打扰，日子过得倒也潇洒。当然，有个问题需要说明一下：这里既然贫穷落后，未经开化，韩愈何来的诗酒之乐？原来韩愈是个很会生活的人，是一个感情世界非常丰富的人，也是一个很有凝聚力的人。一方面他自己能够充分利用大自然的恩赐，独享山水之乐，读书、著文排遣苦闷；另一方面，凭他的文名和人格魅力，很快在他的身边聚合了一帮新朋友：南海（今广州市一带）青年区册，听说韩愈被贬阳山，第一个乘舟来向韩愈求教，韩愈以礼待之，二人相处甚好；郴州青年区弘，到阳山得韩愈教诲后，一直矢志不移地追随韩愈；笃志于学问文章的青年窦存亮，听说韩愈抵达阳山，"乃乘不测之舟，入无人之地"，来到韩愈身边；任侠豪放的青年刘师命，听说韩愈被贬阳山，也来投奔；除此之外，连州、郴州就近慕名而来的更不在少数；同时一些佛徒如惠师、灵师等，亦与韩愈往还。

韩愈从贞元二十年（804）四月上任。到贞元二十一年（805）夏秋之间离任，在阳山县令任上不过一年多的时间，但却深得阳山百姓的爱戴。韩愈在阳山的具体政绩，史籍没有记载，韩愈自己也没有炫耀过，但我们从阳山百姓对韩愈的态度和评价上，可以看出韩愈在阳山并未因这里落后而无所作为。

韩愈在这里广交朋友，对年轻学子因材施教，使他们受益匪浅。据《阳山县志》记载，在阳山县城北面，有座"贤令山"，亦称"牧民山"，此山的命名竟然是因为韩愈当年曾读书于此。一座无名小山，因有韩愈的读书台而得名，足见阳山百姓对韩愈的爱戴。我们也就不难推知：关心教育，兴办学校，肯定是韩愈在阳山的主要惠政之一。

另据《新唐书·韩愈传》载："贬阳山令，有爱在民。民生子，多以其姓字之。"这更是对韩愈在阳山政绩的无评之评。虽没有说韩愈具体有何德政，百姓具体如何褒扬，但仅凭百姓用韩愈的姓给孩子取名这一点，我们即可推知韩愈是一位恪尽职守、勤于官务、关心百姓疾苦、深得民心的地方官。在任时间不长，能享受百姓如此厚爱和尊敬的地方官员，古往今来，能有几人？

韩愈在阳山，为官一任，遗惠一方。口碑自在民间，而英名永传后世。

难兄难弟度中秋

贞元二十一年（805）正月，唐德宗去世，太子李诵即位，是为顺宗。二月颁布大赦令，三月相继召回曾被贬斥外地的朝廷重臣，如陆贽、郑余庆、韩皋、阳城等。照理，韩愈也应在大赦之列。对此，韩愈也是翘首以待。但是，一个春天过完了，却毫无消息，这使韩愈大失所望，他在《县斋有怀》这首诗中表达了这种情绪。直到夏秋之交，他才接到待命于郴州的命令。于是他便离开阳山到郴州，同时，好友张署亦由临武到了郴州。

郴州刺史李伯康，与韩愈素不相识，但因敬重韩愈的文章和人品，热情接待了他。韩愈以阳山特产黄柑相赠，李伯康则以郴州特产纸、笔答谢。二人相处极为融洽。李伯康竭尽地主之谊，韩愈也深以"得恩惠于新知"为快，然而因迟迟得不到下一步的消息而颇感焦虑。原来他和张署长期滞留郴州，是因为"州家申名使家抑"。当时郴州刺史已将韩、张二人的名字向上申报，却被湖南观察使杨凭从中作梗而延误。这杨凭何许人也？原来他是韩愈好友柳宗元的老岳父，且韩、杨两家既是世交，杨凭又是韩愈大哥韩会的朋友，而韩愈对这位高官也向来恭敬。他何故对韩愈下此阴招，不得而知，韩愈对此难免怨愤，但也无可奈何。

同年八月，顺宗改元为永贞，但不久即因病逊位，太子李纯即位，是为宪宗。宪宗即位，又一次大赦天下，赦书很快到达郴州，对韩、张二人新的任命书也同时到达：韩愈调任为江陵府法曹参军，张署调任为江陵府功曹参军，都是江陵府的僚属。"判司官卑不堪说，未免捶楚尘埃间。"这样的职位是免不了经常挨罚受气的，这与二人希望能遇赦返京，官复原职差距太大。接到任命书，正赶上八月十五中秋节，满怀郁愤的难兄难弟在郴州借酒浇愁，韩愈遂吟《八月十五夜赠张功曹》这首名作。

"纤云四卷天无河，清风吹空月舒波。沙平水息声影绝，一杯相属君当歌。"在这个清风徐来、皓月舒波的仲秋之夜，二人一边喝闷头酒，举杯相属，一边通过对歌以抒情怀。诗中先托张署之口唱道："洞庭连天九疑高，蛟龙出没猩鼯号。十生九死到官所，幽居默默如藏逃。下床畏蛇食畏药，海气湿蛰熏腥臊……赦书一日行万里，罪从大辟皆除死。迁者追回流者还，涤瑕荡垢清朝班。州家申名使家抑，坎坷只得移荆蛮。判司官卑不堪说，未免捶楚尘埃间。同时流辈多上道，天路幽险难追攀。"先叙贬官途中及任上的苦况，再叙遇赦众人的幸运，最后讲自己由于受抑而被除"判司"卑官的不平和不能返京的怨郁，大吐苦水，大发牢骚。其实，张署之歌也正道出了韩愈的一腔酸楚，只不过是借张署之口说出而已。诗中的韩愈，却扮演了另一种角色：一个劝慰者的角色。"君歌且休听我歌，我歌今与君殊科（不同调）。一年明月今宵多，人生由命非由他，有酒不饮奈明何？"张署"声酸辞且苦"的歌，让人"不能听终泪如雨"，而在这中秋佳节，又何必如此呢？人生的命运由天注定，非人力能为。不如趁此中秋之夜，我们喝他个一醉方休。这倒不是韩愈真信天命，更不是对不公正待遇的麻木不仁，而是黑暗政局中一个有德有才的小官对政治命运的无奈，于貌似旷达之中，倾诉了难以言状的悲愤不平。

"举杯浇愁愁更愁"。酒可以喝，牢骚可以发，但都于事无补。

新的任命是中秋节前就下达了，而韩、张二人并未立即赴任。他们在郴州"见秋月之三彀（gòu，月满）"，即到九月中旬以后才离开。为什么？韩愈没有明说。据推测，从任命书下达到韩、张二人离郴州赴任这一个月左右的时间，应是"州家"与"使家"争持和协调的时间，即郴州刺史李伯康抗命，与湖南观察使杨凭书信往来、讨价还价的过程，而最后的结局当然是"使家"胜而"州家"败。韩、张二人之后委屈赴任。一个月后，李伯康卒于郴州刺史任上。李伯康可谓韩愈披肝沥胆、两肋插刀之挚友，而韩愈也于半年之后，为李伯康写下了《祭郴州李使君文》，叙二人短暂而诚挚的交往，感激之情溢于言表：既称赞李伯康的政绩和特立独行"不挠志"的人品节操，同时也表达了对杨凭的强烈不满。

日与宦官为敌

众所周知，宦官是皇帝身边的奴才。但这些奴才，却可利用他们的特殊地位，成为皇帝的耳目亲信，成为朝臣巴结皇帝的中介，甚至勾结奸佞，把持朝政，酿成阉党之祸，汉代、明代、清代均有此事，唐代也不例外。

唐玄宗自从得到杨贵妃后，耽于淫乐："从此君王不早朝。"皇帝老子一不上班，逐渐大权旁落，大宦官高力士等插手政事，进退朝臣，气势显赫。安史之乱后，宦官专权之事愈演愈烈，他们权在人主之上，以致弑君、废君有如儿戏，气焰甚嚣尘上。

韩愈向以儒者自居，熟知君臣大义，根本不把这些阉奴放在眼里。但事情也就那么凑巧：韩愈必须和宦官们打交道。这事还得从韩愈在东都洛阳做官说起。

韩愈为避免卷入是非，主动要求分司东都，做了洛阳国子监的权知博士，三年后转为真博士，至宪宗元和四年（809）六月，改官为都官员外郎。当时东都留守郑余庆是最高行政长官，韩愈与郑余庆有旧，他由教授改任都官员外郎自然和郑余庆的赏识有关。都官员外郎虽属尚书省的刑部，但在东都并无多少具体工作，韩愈实际上是以都官员外郎的官衔，供职于东都留守机关，具体职责是管理祠部事务。而祠部的主要工作是"掌祠祀、享祭、天文、漏刻、国忌、庙讳、卜筮、医药、道佛之事"。具体到东都的都官员外郎，则主要是负责佛寺道观之事。这就有意思了：韩愈向来是既反佛又反道，现在分配的工作，则是既管和尚又管道士。这事本身已使韩愈不快，但更让他挠头的是，宦官们也要插手佛寺道观之事。

唐朝的皇帝，不是信佛，就是信道，甚至兼而信之。于是在德宗、宪宗朝，就专门设立了功德使，负责佛寺道观的建筑以及佛道徒的入籍事务，而这一职务由宦官充任。唐宪宗元和年间的功德使便是大宦官吐突承璀。东都洛阳的宦官仗着后台强硬，肆无忌惮地插手寺、观之事。韩愈虽不满意自己的工作，但仍严格恪守自己的职责，行使自己的权力。

这就难免和宦官发生激烈的斗争。据皇甫湜《韩文公神道碑》云："中官号'功德使'，司京城观、寺，尚书（郑余庆）敛手失职。先生按《六典》尽索之以归，诛其无良，时其出入，禁哗众以正浮屠。"就是说对宦官在佛寺、道观问题上的插手干预，郑余庆怕得罪宦官而撒手不管，而韩愈则毫不含糊，他依据《六典》有关祠部职权范围的规定，大胆履行自己的职责。他置宪宗所设功德使于不顾，把宦官们批准剃度入籍的僧尼，"尽索之以归"，强行让他们还俗；并"诛其无良"，即诛杀那些借佛事胡作非为的不良之徒，并限定僧尼出入佛寺的时间，使他们不得随意招摇过市。韩愈的这些强硬措施，大大激怒了跋扈成性的宦官，他们不但到郑余庆那里去控告韩愈，而且"恶语詈辞，狼藉公牒"，恶言相加，扰乱办公，十分猖狂。而韩愈也态度强硬，决不向宦官妥协，并写信给郑余庆：既然让我管祠部，我就必须过问僧尼之事；如果不让我履行职责，那就请另行安排我的工作。

宦官气焰嚣张，后台强硬，韩愈"日与宦官为敌"，能有他的好果吃吗？郑余庆又不敢得罪宦官，当然不可能公开表态支持韩愈。为了息事宁人，郑余庆只好将韩愈调任河南县县令。

屈驾访神童

李贺，字长吉，福昌（今河南省宜阳县）人，唐宗室郑王李亮的裔孙。他七岁能诗，名动京华（东都洛阳）。当时韩愈为都官员外郎，其弟子皇甫湜为侍御史，俱在洛阳，读了李贺的作品，"奇之，而未知其人。因相谓曰：'若是古人，吾曹不知者；若是今人，岂有不知之理！'"（《唐摭言》卷十）正在此时，有人将李贺父亲李晋肃的行踪告诉了他们，于是他们就立即骑马来到李晋肃的住所见其子。李贺"总角荷衣而出"。七岁的李贺，一身孩童打扮，出来见两位大人物。韩愈和皇甫湜不信这么个娃娃能写出像模像样的诗，便让李贺当场试作一首诗。李贺欣然承命，"操觚染翰，旁若无人"，诗的题目为《高轩过》，诗云："华裾织翠青如葱，金环压辔摇冬珑。马蹄隐耳声隆隆，入门下马气如虹。云是东京才子、文章巨公，二十八宿罗心胸。殿前作赋声摩空，笔补造化天无功。元精炯炯贯当中，庞眉书客感秋蓬，谁知死草生华风。我今垂翅负冥鸿，他日不羞蛇与龙。"开头六句，叙写二公造访的情况，多赞美之词；中间三句是写自己的创作才华；末四句是述志，"庞眉（李贺自谓）"二句是说，如今我虽如秋蓬枯草，但得荣华之风吹拂即可枯而复生；"我今"二句是说，如今我虽失意，但若能攀附二公，必能长其身价，自能由蛇变龙，飞腾于异日。清楚而明白地表示希望能得二公提携之意。韩愈和皇甫湜见诗写得如此得体，大吃一惊，于是二人把李贺带到自己的住所，并亲自为这位神童梳头，钟爱有加。

当然，这里有一个问题。李贺七岁能诗，大概不假。韩愈、皇甫湜去拜访李贺，不但野史、笔记有说，而且新、旧《唐书》的李贺传中均有记载，当也确有其事。但造访的时间可能说法有误。因李贺诗前的小序说："韩员外愈，皇甫侍御湜见过，因命而作。"韩愈在洛阳任都官员外郎在元和四年（809），皇甫湜任侍御史肯定在元和三年（808）以后，而生于贞元六年（790）的李贺，此时应在二十岁左右，而不是七岁。

由于韩愈、皇甫湜对李贺的特殊礼遇，并不断为之延誉，李贺的诗名越来越大，而李贺也不时以诗谒见韩愈。张固的《幽闲鼓吹》有这么一段记载："李贺以歌诗谒见韩吏部。吏部时为国子博士分司（即国子监在洛阳分校的教授）。送客归，极困。门人呈卷，解带旋读之，首篇《雁门太守行》曰：'黑云压城城欲摧，甲光向日金鳞开。'却援带，命邀之。"韩愈破例立即接待李贺，是基于对才华横溢的年轻诗人李贺的激赏。

韩愈、皇甫湜下访李贺，韩愈破例接待李贺，写文章为其造势，历来被传为文坛佳话。韩愈不愧为"伯乐"，李贺也不愧为"千里马"，但李贺年寿不永，命运多舛。一生只作过一任太常寺奉礼郎的无聊小官，贫病交加，二十七岁就英年早逝。"千里马"夭折，实在可惜，可叹！

挑战避讳

避讳，是我国古代的特有产物，是一种虽不见诸法律，却具有无形威力的封建礼法。辛亥革命以前，几乎所有的人都不得触犯当代帝王或所尊者的名字，必须用其他方式来回避。各朝所讳不同，避讳的方法亦有别。因为避讳，所以古代典籍文献中多有因避讳而改动文字的地方，以致前人的姓名、官名、地名、书名、年号等都弄得混乱不清。

唐代是一个相对开放的社会，统治者对避讳的问题要求不严，并以法令的形式公之于世，如唐高祖武德九年（626），即唐太宗即位那年，太宗李世民即诏令全国：有"世"及"民"两字不连续者，并不须避。唐高宗显庆五年（660），又降诏曰："有嫌名不讳，今后缮写旧典文字，并宜使成，不须随义改易。"所谓"嫌名"讳，即指声音相同或相近的字要避讳。唐太宗之诏，既解决了当今皇上避讳的问题（皇上尚且不讳，其他人自不必说），又解决了"二名"讳（即名字中两个字连用要避讳）的问题；唐高宗之诏，解决了"嫌名"讳的问题。按理说，已有朝廷明令，避讳的大多数问题已经解决了，然而，积习难返，法令是一回事，社会习尚是另一回事。在现实社会中，避讳仍是一种具有广泛影响力的封建礼法，仍为不少人所墨守。

　　李贺是一位极具才华的年轻诗人，颇得韩愈青睐。凭李贺之才，若参加进士考试，金榜题名是指日可待的事情。韩愈力劝李贺举进士，竟遭到时人的嫉妒与非议，理由就是李贺父亲叫李晋肃，而"晋"字和"进士"的"进"同音，李贺如考进士，就算犯了"嫌名"讳的规矩，所以李贺应避家讳而不能去考进士。又因为韩愈劝李贺考进士，舆论又说"劝之举者为非"，即批评韩愈也不懂规矩。韩愈的弟子皇甫湜对他说，这事如不说清楚，您和李贺将会有无视"避讳"这种礼法习俗的罪名。韩愈说：是这样。于是就愤然命笔，写下了《讳辩》这篇名作。

　　文章首先从法律的角度来谈，引用了"二名不偏讳"和"不讳嫌名"这两条法律，接着质问："今贺父名晋肃，贺举进士，为犯二名律乎？为犯嫌名律乎？父名晋肃，子不得举进士，若父名'仁'，子不得为人乎？"就是说，李贺考进士，既不违犯"二名"讳，也不违犯"嫌名"讳，是完全合法的。如果李贺因避讳连进士都不能考，那如果有人父亲名字中有"仁"字，他的儿子难道连做"人"的资格都没有了吗？文章接着又列举古圣先贤的例子加以论证：孔子是圣人，"孔子不偏讳二名"。孔子的母亲名征在，孔子只是"言'征'不称'在'，言'在'不言'征'"；曾参是先贤，"曾参之父名晳，曾子不讳'昔'"。并且又说："周之时有骐期，汉之时有杜度，此其子宜如何讳？将讳其嫌，遂讳其姓乎？将不讳其嫌者乎？汉讳武帝名'彻'为'通'，不闻又讳车辙之'辙'为某字也；讳吕后名'雉'为'野鸡'，不闻又讳'治天下'之'治'为某字也。"老子名骐期、杜度，儿子若避讳，连姓都不能姓了；吕后叫吕雉，汉人避讳，不说"雉"而称"雉"这种鸟叫"野鸡"，那么"治天下"的"治"就不好办了。文章举古圣先贤无可辩驳之实例，说明李贺举进士，既合法、合理，又合于古圣先贤之惯例；并用归谬的方法，举例把非议者的理由推向谬误，以说明其荒唐可笑。

文章接着又说到唐朝。"今上章及诏不闻讳浒、势、秉、饥也，惟宦官及宫妾乃不敢言'谕'及'机'，以为触犯。"唐代臣下给皇帝的奏章和皇帝发布的诏令，都不避讳浒（唐高祖李渊之祖父叫李虎）、势（唐太宗叫李世民）、秉（唐高祖李渊之父叫李昞）、饥（唐玄宗叫李隆基），只有宦官和宫妾这些皇帝的近侍们不敢说"谕"（唐代宗叫李豫）及"机"（唐玄宗名），认为这是触犯了皇帝。而"君子言语行事"，应以经（儒家的经典）、律（国家的法律）、典（国家的典章制度）为依据，李贺考进士对此没有任何触犯。文章最后说："凡事父母得如曾参，可以无讥矣；作人得如周公、孔子，亦可以止矣。今世之士，不务行曾参、周公、孔子之行，而讳亲之名，则务胜于曾参、周公、孔子，亦见其惑也！夫周公、孔子、曾参卒不可胜，胜周公、孔子、曾参乃比于宦者宫妾，则是宦者宫妾之孝于其亲，贤于周公、孔子、曾参者耶？"曾参是大孝子，孝敬父母能像曾参，别人就不能讥笑他了；周公、孔子是圣人，做人能像周公、孔子，也就算到头了。而今天的世俗之徒，在做人方面不学周公、孔子、曾参，而在避讳方面却要胜过周公、孔子、曾参，足见他们是一批糊涂虫。周公、孔子、曾参是没法超越的，要胜过他们，就该向现在的宦官宫妾们看齐，而这不就等于说，宦官宫妾这些皇帝的家奴比周公、孔子、曾参还贤达吗？文章至此，已把论敌逼到了死角，因为在封建社会里，谁也不敢说宦官宫妾贤于周公、孔子和曾参，这才是当时的大忌。

一篇《讳辩》，"考之于经，质之以律，稽之以国家之典"，并举大量古今实例，有理有据，言之凿凿，将世俗之徒的谬论驳得体无完肤。韩愈冒着世俗和舆论的巨大压力，大胆挑战"避讳"这一敏感问题，可谓有胆有识。

韩愈此文是专为李贺不得举进士而发表的意见。但此文的终极目的，不在于议"礼"，而在于惜才。李贺这样的才子，如因避讳而失去仕进机会，实在可惜。这是韩愈一贯重视人才的思想的一次突出表现。但令人遗憾的是，韩愈虽替李贺打赢了笔墨官司，但李贺终因屈于舆论压力而未去应进士试。

质疑割股

忠、孝、节、义，这是封建时代对做人的基本要求；"百善孝为先"之类的话，更是人们耳熟能详的，可见"孝"在封建时代的社会生活和人伦关系中占有多么重要的地位。历代封建统治者都提倡孝道，西晋时司马氏还曾提出以孝治天下；历代的百姓都以恪守孝道为做人的基本原则之一。父母养育了子女，子女孝敬父母，反哺父母，乃天经地义之事，所以我们说，封建时代提倡孝道，这本身有其极大的合理性，对社会和家庭的和谐起着相当重要的作用。但是我们也必须看到，历代在"孝道"问题上也有相当多的偏颇，如"三年不改父之道可谓孝矣""父母在，不远游"之类的说法，已让人感到迂阔，至于"割股"（从大腿上割肉给父母治病）之类的愚孝，更是骇人听闻，既违反科学，也不合人性。

据《新唐书·孝友传》记载：唐人陈藏器注《本草拾遗》，称人肉可以治羸体弱疾。从此以后，民间父母有病，儿子常割大腿上的肉给父母治病，而官府则对此加以奖励或表彰。在韩愈生活的中唐，陕西鄠县（今户县）就出了这样一件事：一个人的母亲病了，儿子就从大腿上割肉，煮给母亲吃，母亲的病居然好了。这下子可不得了啦：乡绅们将此事报告给县府长官，县府长官将此事报告给皇上。皇上龙颜大悦，让人给他家建牌坊以示褒奖，并且免除他们家的租税，以劝别人向他学习。对此，鄂县的士大夫颇引以为自豪，经常说："别的县有这样的人吗！"韩愈得知此事后，写下了《鄂人对》一文，对这种愚孝陋习给予严厉的批评。

韩愈说：母亲病了，正确的办法是给她吃药治病，没有听说过毁伤肢体来奉养母亲的，在社会教化中也没听说过这种事。如果说这种做法不伤于"义"，那么古代的圣贤们一定早就这么做了（实际上并没有）。再说，如果你因此而死掉了，"则毁伤灭绝之罪有归矣，其为不孝，得无甚乎？"（古人认为，身体发肤受之父母，随意毁伤是一种罪过）儿子一死，这家就可能断子绝孙了。"不孝有三，无后为大"，使家庭绝后，这是最大的不孝了。再退一步说，即使这样合于孝道，朝廷也不该建牌坊表彰，因为尽孝道是每个人都该做的，他这样做了，有什么特殊之处呢？朝廷既然认定只有这一家是尽孝道了，那就等于说这个村、这个县其他家都不孝；朝廷只认定这个人尽了孝道，也就等于说他的祖父和父亲都不孝（因未受表彰）。这样，韩愈就一步一步把朝廷表彰割股之事推向了荒谬的地步。但他仍不罢休，接着又对朝廷的做法大加批驳：如果有人在国家危难之际，"能固（固守）其忠孝，而不苟生于逆乱（不苟且偷生于乱世），以是而死者"，朝廷可以表彰，给他的子孙们爵位和俸禄，这才是劝人忠孝的正道。而现在这位鄂人不属这种情况，朝廷为什么还免其租税？不以毁其肢体为罪，不以他使自己家断子绝孙为忧，像他这种人，"不腰（腰斩，杀掉）于市"，已经是亵渎政教了，何况又去给他建牌坊加以表彰呢？

读了韩愈这篇文章，可能会有人认为韩愈的某些说法有点强词夺理的味道，但我们纵观全文，可以清楚地看到：韩愈批判矛头直指统治者所乐道的"割股"之类的愚孝，并不留情面地指责皇帝此举的荒唐，充分表现了韩愈的卓见和胆识。我们知道，韩愈向来是以儒者相标榜的，向来是以传承儒家道统为己任的。他公然斗胆批判儒家的孝道，且指责皇帝是非颠倒，可算是大逆不道了！其所受的舆论压力和被追究的风险，自然是不言而喻的。幸亏唐朝法网宽松，没有找他麻烦，否则，他真该吃不了兜着走了。

为牛僧孺造势

现在的聪明人，都懂得名人效应：出一本书，要请名人题签，不管他的字写得好赖，只要他是名人；还要请名人写个序，不管他懂不懂文章，只要他是名人……其实，这种把戏并不是现代人的发明。我们聪明的祖宗们早就熟谙这一套。古时不是有个说法吗？"伯乐一顾，价增三倍。"伯乐善相马，在这个行当中，他无疑是个权威。不好的马他是不会看的。凡他看过的马，人们一定认为是好马。所以只要他看一眼你的马，马价立刻上涨三倍，这就是名人效应。韩愈对此道也颇为精通。

韩愈为求官，求过不少名人。而当他成为名人后，不但有很多人去求他，他还主动利用自己这无形资产去为他所看好的人造势，扩大其影响，他和皇甫湜去拜访神童李贺就是一例，而动静闹得更大的则是他和皇甫湜为牛僧孺造势。

牛僧孺（780—848），官至宰相，是中唐以后政坛上"牛李党争"中牛党的领袖。而牛僧孺当年出名，和韩愈还有些关系。据五代王定保《唐摭（zhí，拾，捡）言》载：牛僧孺始举进士，致琴书于灞（河）、浐（河）间，先以自己的诗文谒见韩愈和皇甫湜。他先到韩愈处，正逢韩愈外出，只好留下诗文。不久，韩愈拜访皇甫湜，而牛僧孺也到了皇甫湜住处。二人看了牛僧孺的名片，都很高兴，接待并询问他的住所。牛僧孺说，我刚把自己的诗文呈于大师，我的进退都听你们的，我的行李还放在京郊。二人看其诗文，大喜，认为是好文章。牛僧孺谈到考虑住所问题，二人沉默了好久，说：可先租一所庙院。二人又让他某一天可去游青龙寺，到傍晚再回来，牛僧孺照办。二公按时并辔而至，在其门上写下大名曰："韩愈皇甫湜同访几官先辈，不遇。"第二天，京城名士都来观看，牛僧孺因此名声大振。

　　韩愈、皇甫湜巧设了一个造访不遇的局子，引得京城名士都来观看。二人利用这些免费广告，使得牛僧孺这个年轻举子一下子名满京师。这对牛僧孺后来的及第和迁升都起了重要作用。不过牛僧孺也确实是个人才，曾官至宰相，他没有让韩愈、皇甫湜这两位名人枉费心机。

　　这是韩愈、皇甫湜把自己的名人效应用到极致的例子。古今这样的例子还不少。这是名人成功的例子，因为他们用自己的声望为贤才开辟了畅达的仕途，是对社会的贡献，故为人们所乐道。但古往今来相反的例子也不少。名人得了不肖之子的好处，违心地把"弱智"者当"天才"吹捧，结果不但不肖者身败名裂，而且这名人也廉价地毁掉了自己的一世英名，岂不令人深思！

爱才荐贤

　　韩愈为入仕求过不少人，但真正为他出力的不多。韩愈仕途坎坷，深知出身寒微的才德之士步入仕途之艰难，所以当他步入仕途、有能力施加影响之时，他便积极举贤荐能，奖掖后进，不遗余力地为才德之士进身奔走呼号。他不但写《师说》，弘扬师道，褒奖从师求学的李蟠；写

《讳辩》为李贺举进士制造舆论；而且在贞元十九年（803），因关中旱饥，朝廷决定暂停吏部和礼部考试时，他立即上《论今年权停选举状》予以反对，认为在当时"有君无臣"的情况下，朝廷急需有"忧国如家，忘身奉上"的"纯信之士，骨鲠之臣"来"辅宣王化"，国家能治理好，关键"在得人"，而培养和选拔人才是"深思熟虑、为国家树根本之道"的大事，如若停止科举考试，"所害实深"。

他不但建议朝廷广开才路，而且利用一切可能的机会引荐后进之士。如贞元十一年（795），他向郑余庆推荐了孟郊；后又推荐樊宗师、张籍、张惟素等于朝，甚至在张籍眼睛失明的情况下，他还以张籍"盲于目"而不"盲于心"为由，极力劝李浙东给张籍安排工作；他还举殷侑为御史，举钱微、韦顗（yǐ）、马总、张正甫、韩泰等自代（代任自己原有的官职）；而他最有名的一次荐士之举，莫过于贞元十八年（802）向陆傪（cān）推荐人才。

据《唐摭言》云："贞元十八年，权德舆主持进士考试，陆傪员外通榜协助，韩文公荐十人于傪，权公凡三榜，共放六人（六人考中），余不出五年内皆捷（都中进士）。"韩愈当时刚任四门博士，是个从七品上的芝麻官，但他不惧自己位卑荐贤而遭议论，遂写下《与祠部陆员外书》一文，一次向他荐推十人。文章先说权德舆主考，他的职责是"得人"，而你的职责是向他"进贤"。"如得其人而授之，可谓两得其求，顺乎其必从也。"接着就向陆傪介绍十名学子的情况。他先介绍了侯喜、侯云长、刘述古和韦群玉四人为人、为文及其他情况，并说："凡此四子，皆可以当执事首荐而极论者""期乎有成而后止可也"。再接着，他又并提沈杞、张苰、尉迟汾、李绅、张厚余和李翊六人，称他们"或文或行，皆出群之才也。凡此数子，与之足以收人望、得实才"。文章最后，他又称颂陆傪不同于"多以游谰娱乐为事"的当朝官吏，是能"眇然高举，有深思长虑、为国家树根本之道"的栋梁之材。结果,这十人中当年即有六人(唐《登科记》载为五人)考中,其余数人在此后几年中相继金榜题名。

史称韩愈独有奖掖后辈的声誉。任人唯贤,还是任人唯亲,这是两条不同的用人路线,也是世族地主和庶族地主之间一场持久而激烈的政治斗争,它直接关系到统治集团内部权力再分配。韩愈千方百计为庶族有识之士入仕尽心竭力,充分证明他是真正的伯乐,是任人唯贤路线的积极鼓吹者和践行者。

谆谆教子

韩愈是一位出色的教育家,这已是历代的共识。但他有两首教育自己儿子韩昶的诗,却引起一些人的非议。

元和十年(815)冬,韩愈为朝廷起草诏诰,此职一般由中书舍人担任,韩愈以考功郎中兼任此职,即可列席宰相会议,在国家政务中起着相当重要的作用。由于官职连续升迁,家庭物质生活条件也较前改善。韩愈遂在长安靖安里置办了一套房子。此时儿子韩昶已经十六七岁,对他的教育已很迫切,故韩愈写下《示儿》一诗。诗中有云:"始我来京师,止携一束书。辛勤三十年,以有此屋庐。此屋岂为华?于我自有余。"接着详写房子的质朴无华、环境的清新幽雅,所交游之人,"无非卿大夫"。"凡此座中人,十九持钧枢(掌权之高官)。又问谁与频?莫与张樊如(张籍、樊宗师)。"最后写道:"诗以示儿曹,其无迷厥初(即不要忘记安身立命之本)。"韩愈出身孤寒,十九岁即来长安,经过三十年的奋斗,四十八岁才有了自己的房子。韩愈给儿子讲这些,不是夸耀自己多有能耐，房子如何阔气，而是让儿子知道自己创业的艰辛，房子来之不易，虽有裴度、崔群、王涯等高官往来，但来得最多的还是张籍、樊宗师这些穷朋友和学子们，大家在这里评论诗文，解难答疑。最后他劝儿子要像自己一样直身行道，读书做人，不要忘记安身立命之根本。对这首诗，后人议论纷纭。胡仔《苕溪渔隐丛话》引苏轼语曰："退之《示儿》云云，所示皆利禄事也。"如说韩愈写此诗有志得意满之感，写及夫荣妻贵，交游多阔人，也不无庸俗之处，但此诗的基本用意还是在教育儿子，不离旧时代读书人的情趣，绝非"利禄"二字所能涵盖。瞿佑说：韩愈此诗"为使子弟者读此，亦能感发志意，知所羡慕趋向，而有以成立，不陷于卑污苟贱，而玷污其门户矣！韩公之子昶，登长庆四年第。昶生绾、衮，绾咸通四年、衮咸通八年进士。其所成立如是，亦可谓有成效矣"。此说较为中肯。

元和十一年（816），韩愈时任中书舍人，又写下《符读书城南》一诗，其中有云："人之能为人，由腹有《诗》《书》。《诗》《书》勤乃有，不勤腹空虚。欲知学之力，贤愚同一初。由其不能学，所入遂异间。两家各生子，孩提巧相如。少长聚嬉戏，不殊同队鱼……三十骨骼成，乃一龙一猪……一为马前卒，鞭背生虫蛆；一为公与相，潭潭（宫室深邃的样子）府中居。问之何因尔？学与不学欤！"诗的核心是告诉儿子学习的重要。两家的孩子小时没有任何差别，但一个读书，一个不读书，结局则完全不同：到了"而立"之年，读书的成龙，成为公相；不读书的就蠢笨如猪，只能作仆役供人驱使，而其根本原因就在于"学与不学"。韩愈还特意指出，"君子与小人，不系父母且（语助词）"，就是说，一个人将来是成为"君子"还是"小人"，并不决定于父母，而在于自己，特别强调了后天学习的重要性。对此诗，后人议论不一，如陆唐老就认为韩愈此诗是"切切然饵其幼子以富贵利达之美"，即说韩愈以富贵利达为诱饵劝儿子读书，俗不可耐。而黄震则认为，韩愈此诗"亦人情诱小儿读书之常，愈（超过）于后世之伪饰者"，即认为这样劝小儿读书，乃人之常情，远胜过后世用冠冕堂皇之语伪饰自己的人。蒋之翘更认为："此诗实可作村塾训言。"就是说，这首诗可以作为乡村学校的校训。

对于这两首诗，今人持批评态度者尤多，焦点仍在诟病韩愈徒以利禄诱子，即有以功名利禄毒害青少年之嫌。有人甚至说，一读到韩愈这两首诗就感到"恶心"。诚然，韩愈这两首诗确有格调不高之处，但是我们不要忘了韩愈是位一千多年前的古人。他虽然有卓越的教育思想，哪有我们今天的教育思想先进！但我们不能以今天的思想和标准去要求韩愈。清人赵翼在其《瓯（ōu）北诗话》中曾评此二诗说："《示儿》诗自言辛勤三十年始有此屋，而备述屋宇之垲爽，妻受诰封，所往还无非公卿大夫，以诱其勤学。此已属小见。《符读书城南》一首，亦以两家生子，孩提时朝夕相同，无甚差等；及长而一龙一猪，或为公相，势位赫奕，或为马卒，日受鞭笞，皆由学与不学之故。此亦徒以利禄诱子，宜宋人之议其后也。不知舍利禄而专言品行，此宋以后道学诸儒之论，宋以前固无此说也。观《颜氏家训》《柳氏家训》，亦何尝不以荣辱为劝诫耶？"赵翼看得透彻，二诗固然以利禄劝儿子读书，宋人讥笑他，不能说无道理，但所缺者，即是脱离了时代。宋以前人们多直率，实话实说，不会唱高调伪饰自己；宋以后理学家虚伪，口头上大讲修养、品行，实际上念念不忘的，仍是功名利禄。这话真是说到了点子上。试想，即使在今天，为人父母者教子，是让他好好念书成才，上好学校，找好工作，过好生活呢，还是整天给他说，读书不读书没关系，干什么都一样呢？以今拟古，我们就会心平气和多了。今人尚且如此，何必厚责古人？

发牢骚反被提拔

唐宪宗元和七年（812），韩愈因替贪官华阴令柳涧辩护而以"妄论"罪由职方员外郎调任为国子博士。韩愈自贞元十八年（802）至此，已三次到太学任博士，这一次又被弄到文教战线上，气就不打一处来。《新唐书·韩愈传》说："既才高数黜，官又下迁，乃作《进学解》以自喻。"

这篇文章看似模仿东方朔的《答客难》，实则是一篇抒发才高被黜、忧愤极广的作品。文中确以国子先生自喻，但又绝不仅限于自喻。文章对选拔培养人才的标准、方法，统治者如何举贤荐能等问题，系统地阐述了自己的人才观，对当时的用人路线表示了强烈的不满，表达了他希望朝廷广开才路的社会理想。"业精于勤，荒于嬉；行成于思，毁于随"，国子先生对诸生的教诲，早已成为历代学子们的座右铭。文中说："方今圣贤相逢，治具毕张，拔去凶邪（小人），登崇畯良（提拔贤才）。占小善者率已录，名一艺者无不庸（用）……诸生业患不能精，无患有司之不明；行患不能成，无患有司之不公。"有人认为这是韩愈给当权者拍马屁，有意粉饰现实，这完全是一种误解。其实韩愈在这里都是反话，其真实意见是，如今是君不圣，相不贤，凶邪当道，畯良疏远，有才之士不被录用，有司不明不公。毫无疑问，这不是替统治者涂脂抹粉，而是对用人现状的尖锐批判。接着文章又借学生之口，质疑国子先生的教诲：先生"口不绝吟于六艺之文，手不停批于百家之编……焚膏油以继晷（夜以继日），恒兀兀以穷年，先生之业，可谓勤矣。""觝排异端，攘斥佛老……寻坠绪（失传的儒家道理）之茫茫，独旁搜而远绍（继承）。

障百川而东之，回狂澜于既倒。先生之于儒，可谓有劳矣。""沉浸醲郁，含英咀华，作为文章，其书满家。上规姚姒……子云相如，同工异曲，先生之于文，可谓闳其中而肆其外矣。""少始知学，勇于敢为，长通于方，左右具宜，先生之于为人，可谓成矣。"即是说国子先生在各个方面都堪称楷模，而遭遇却极坏："然而公不见信于人，私不见助于友，跋前疐后，动辄得咎。暂为御史，遂窜南夷；三年博士，冗不见治……冬暖而儿号寒，年丰而妻啼饥。头童齿豁，竟死何裨？"就是说，你老先生不被人信任，没有朋友帮助，刚当上监察御史，马上就被贬为阳山令；当了三年博士，这闲散之职也表现不出你的建树。暖和的冬天，你老婆孩子喊着冷；丰收的年成，你老婆孩子叫着饿。你自己头也秃了，牙也掉了，这样活到死有什么好处呢？以此来说明现实并非君臣圣明，人尽其才。文章的最后部分，又是国子先生对学生质疑的自我解嘲。他以木材为喻，说明好木匠能大材大用、小材小用；以药材为喻，说明好医生能贵药、贱药各有各用；而好的宰相用人，是能根据不同人的不同特点安排合适的工作。像我这样不中用的人，现在还领着国家的俸禄，老婆孩子不用劳动，我出门还有马骑，日子过得不错，对于我的无能，"圣主不加诛，宰臣不见斥，兹非其幸欤？"皇上和宰相对我不加责罚、排斥，已经是我的幸运了。我一有所行动就遭人诽谤，但我的名声也随着增大了；把我放在闲散岗位上，那是我应得的。在这种情况下，我如果再计较个人工资的多少、职位的高低，指责上司，那就非常不合适了。在貌似非常满意中表现出对自己处境的非常不满意。

文章通过师生对话，老师唱红脸，说好话，学生唱白脸，表不满；学生嘲讽，先生解嘲，一正一反，充分表达了韩愈的思想。全文从"才能"落笔，用一系列生动的比喻、反语和委婉含蓄的措辞，于貌似诙谐之中表达自己对人才问题的卓见，也充分抒发了个人的牢骚不平，显示了极好的才华和修养。

茅坤评此文说："《进学解》，此韩公正正之旗，堂堂之阵也。其主意专在宰相，盖大材小用不能无憾，而以怨怼无聊之辞托之人，自咎自责之辞托之己，最得体。"故此文一出，遂在士大夫间广为传诵，当然也传到当权者手中。据《新唐书·韩愈传》载："执政览之，奇其才，改比部郎中、史馆修撰；转考功，知制诰；进中书舍人。"就是说，韩愈因这篇发牢骚的文章得到当权者的青睐，进入了一个官运亨通时期：比部属尚书省的刑部，相当于中央审计财务的机关，史馆修撰（编辑）是他的兼职；考功郎中是尚书省吏部考功司的主管官员，掌管对文武百官善恶、功过的考核；知制诰，就是给朝廷起草诏书；而中书舍人则是掌管朝廷的诏告制敕，可以列席宰相会议，可以到政事堂吃饭，权任极重，是历代封建文人们梦寐以求的职位。

韩愈在两年之中三改官职，确属破格提升。他由一位大学教授一步步迈向中央权力的中心，这也是他始料未及的。

九 排众议调闲职

唐宪宗即位后，虽有志于平定藩镇，加强中央集权，但效果不显著。藩镇依旧十分猖狂。当时藩镇以平卢（淄、青）、魏博、成德（恒州，后改镇州）和彰义（淮西）四镇最为强悍，而以淮西更为狂妄凶暴。元和九年（814），彰义节度使吴少阳死，其子吴元济自为留后，四处抢掠，以致威胁到东都洛阳。元和十年（815），宪宗发十六道之兵讨伐吴元济，但由于其他三镇从中作梗，使讨淮战事数月无功，于是人情恐惧，朝中主和派势力抬头，气势汹汹，幸赖宰相武元衡、御史中丞裴度竭力主战，才使宪宗未易其志。

韩愈是一个坚定的主战派。在主和舆论甚嚣尘上之际，他给宪宗呈上《论淮西事宜状》，坚决主张武力平定淮西。他首先详细分析了淮西的局势："（淮西）有职位者，劳于计虑抚循；奉所役者，修其器械防守，金帛粮畜，耗于赏给；执兵之卒，四向侵掠……虽时侵掠小有所得，力尽筋疲，不偿其费……""况以三小州残弊困剧之余，而当天下之全力，其破败可立而待也。"即是说，淮西吴元济虽然猖獗，但已是强弩之末。若集中全国力量，必能很快平定淮西。文章接着指出，客观条件虽已具备，但关键还在于"陛下断与不断"："当此之时，则人人异议，以惑陛下之听。陛下持之不坚，半途而罢，伤威损费，为弊必深。所以要先决于心，详度本末，事至不惑，然可图功……"即是说，唐宪宗是否下决心，乃是平淮西之役胜负之根本。此外，文中还对平淮西的用兵策略作了具体阐述，显示了其非凡的军事见识。韩愈此文，无疑对坚定唐宪宗的态度起了重要作用，也给了主战派人物武元衡、裴度以极大的精神支持。

但是没过多久，京城便发生了一件震惊朝野的大事：平卢节度使李师道收买中岳庙武僧在京城刺杀了宰相武元衡，同时把御史中丞裴度刺成了重伤。恐怖气氛弥漫着整个长安城，文武百官多慑于藩镇的淫威，噤若寒蝉，而此时敢于站出来说话的有两个人：一个是白居易，他虽任太子左赞善大夫的闲职，但出于责任感，立即上书言事，急请捕贼，"以雪国耻"，因此惹恼了主和派，不久即以"越职言事"的莫须有罪名贬为江州司马；另一位敢于说话的就是韩愈。他上了《论捕贼行赏表》，请求宪宗对告发者、捕贼有功者予以重赏，以取信于天下。

宰相武元衡被藩镇杀害之事，也从反面刺激了唐宪宗坚决用兵镇压藩镇的决心和勇气。他不顾主和派的阻挠，于元和十年（815）底任命大难不死的裴度为宰相，主持对淮西用兵，而韩愈也于元和十一年（816）正月，迁升为中书舍人，更加接近权力中心。然而，主和派并没有销声匿迹，他们对主战派的诽谤与报复一刻也没有停止，韩愈即成为他们的眼中钉，必须除之而后快。韩愈任中书舍人不到半年，即被改官为太子右庶子。韩愈为什么被改官？据李翱《韩吏部行状》说，是因为韩愈力主用武力讨伐淮西，意见和裴度相合，"而宰相有不便之者……后竟以他事改太子右庶子"。"宰相有不便之者"，即指主和派宰相韦贯之。因韩愈是主战派的中坚分子，对韦贯之行事当然多有"不便"；所谓"他事"，即是韦贯之将韩愈改官的借口。据《旧唐书》本传载："俄有不悦愈者，摭（拣起）其旧事，言愈前左降为江陵椽曹（任江陵府法曹参军），荆南节度使裴均馆之颇厚（待他不错）。均子锷凡鄙（品行不好），近者锷还省父，愈为序饯锷（写序为裴锷饯行），仍呼其字。此论喧于朝列，坐是改太子右庶子。"就是说，韩愈在江陵府时，裴均待他不错；裴均的儿子裴锷人品不怎么样，而韩愈居然还盛情接待了他，言下之意是，韩愈的人品也值得怀疑。真是欲加之罪，何患无辞！韦贯之大权在握，韩愈被迫调任。

太子右庶子是东宫太子的属官，按品秩说，比中书舍人还高，却是典型的闲散之职。韦贯之用这种明升暗降的手法，将韩愈调离权力中心，使其无法发挥主战的作用，正见其狡狯和阴险。韩愈并非贪图安逸之辈，正值国家多事之秋，为国出力之时，却因力排众议，坚决主战，又遭主和派的暗算，心情郁愤而又无可奈何，只好在投闲置散中度过了一年左右的无聊生活。

忠犯人主之怒

苏轼在其《潮州韩文公庙碑》中称韩愈"忠犯人主之怒",此言不差。韩愈确为朝廷之忠臣,但其直言敢谏,也让皇帝老子恼火,谏迎佛骨即是突出一例。

佛教自东汉明帝时传入中国,历魏晋南北朝而大盛。入唐之后,有识之士痛感于佛教对社会的危害,起而攻之。唐初即有傅奕、吕才等人上疏,猛烈抨击佛教。唐高祖时曾对佛徒进行"沙汰",但"沙汰"只是精简,而不是禁止。不久,佛教又大盛。唐太宗时玄奘取经、译经,得到最高统治者的支持,在全国产生了重大影响。武则天时,因她曾出家感应寺而后被高宗迎回宫中做了皇后,她对佛教有特殊的感情。其后,沙门伪传《大云经》,为武则天登上皇帝宝座大造舆论,更受武则天青睐,佛教地位远出于道教之上。唐中宗、唐睿宗、唐肃宗、唐代宗都信佛,佛教在唐代又有很大发展:广建寺院,僧尼数目大增,形成一个庞大的游手好闲阶层。由于皇帝信佛,佛寺经常得到大量赏赐,寺院占有大量的土地,而享有不交租、不服役的特权,聚敛了大量财富。寺院经济的恶性膨胀,不但兼并土地,严重损害了广大农民的利益,而且也损害了中小地主的利益,也直接影响到国家的财政收入。"十分天下之财而佛有七八"的说法虽不免有些夸张,但也足以说明佛教在社会经济生活中占有极其重要的地位。

由于皇帝佞佛,世俗信佛,所以初唐之后,敢于公开反佛的人已经不多了,因为弄不好就有反皇帝的嫌疑。尽管如此,还是不断有反佛人士冒着风险站出来,韩愈便是其中最突出的一位。

唐时，凤翔法门寺是一个相当著名的寺院。寺内有一个护国真身塔，塔内有释迦文佛（释迦牟尼）指骨一节，按历来的说法，寺塔三十年一开，开则"岁丰人泰"。唐宪宗元和十四年（819）正月，正是佛骨展出之时，唐宪宗派宦官杜英奇率领宫人三十余名，手持香花，将佛骨从法门寺迎入皇宫中，供奉三天。由于皇帝佞佛，举国上下，掀起一股佛教热。韩愈向来反佛，曾主张对佛教要"人其人（劝僧徒还俗），火其书（烧掉佛经），庐其居（世俗之人住进寺院）"，态度甚为激烈。如今，见此情景，非常忧虑，为了皇帝，为了国家，韩愈遂向唐宪宗呈上赫赫有名的《论佛骨表》。

此表一开头，就举中国古代帝王的例子说明"佛不足事"。他认为，"佛者，夷狄之一法耳"。中国古代无佛，帝王均年寿极长，在位时间极久，"天下太平，百姓安乐寿考"。从东汉明帝起，佛教传入中国，而汉明帝在位才十八年，此后则更是"乱亡相继，运祚（zuò，帝位）不长""事佛渐谨，年代尤促"。只有梁武帝在位四十八年，一生曾三次舍身佛门，而最后竟为侯景所逼，"饿死台城，国亦寻灭"。可见，历来都是"事佛求福，乃更得祸"。

接着，他又指出，由于皇帝迎佛骨，百姓们愚顽，不晓事理，认为皇帝是真心事佛，于是就群起效尤，"焚顶烧指，百十为群，解衣散钱，自朝至暮，转相仿效，惟恐后时，老少奔波，弃其业次"。人们都像发了疯一样，连本职工作都不干了。韩愈认为这些都是"伤风败俗，传笑四方，非细事也"。

他又痛斥佛教："佛本夷狄之人……口不言先王之法言，身不服先王之法服，不知君臣之义，父子之情。"假如释迦牟尼今天还活着，奉命来朝京师，皇帝不过接见一次，赐给一领袈裟，派人护送出境而已，绝不会让他妖言惑众。如今其身死已久，"枯朽之骨，凶秽之余"，岂可迎入宫中？

最后他指出，对皇帝迎佛骨一事，"群臣不言其非，御史不举其失，臣实耻之"。文武百官谁都害怕扫了皇帝的兴，一个个噤口不言。韩愈说这简直是一种耻辱，于是他建议将佛骨"付之有司（主管官），投诸水火，永绝根本。断天下之疑，绝后世之惑"，并且慷慨激昂地说："佛如有灵，能作祸祟（suì），凡有殃咎，宜加臣身。"就是说，老佛爷如果降灾的话，我韩愈一个人顶着。

在封建时代，皇帝是真龙天子，金口玉言，说一不二，谁若有不合皇帝意的言行，就是逆了龙鳞。唐宪宗迎佛骨本为延寿求福，而韩愈竟说奉佛者都短命。这无疑是逆了龙鳞。此表一上，唐宪宗龙颜大怒。第二天即将韩愈此表拿给宰相看，说什么也要杀掉韩愈。宰相裴度和崔群急忙为韩愈开脱，说韩愈上表忤皇帝之意，实在该得罪，但是如果韩愈不是心怀忠恳，不避贬黜，他哪能这样做呢？希望皇帝对韩愈稍加宽容，以便使后来者敢于向皇帝直谏。唐宪宗说，韩愈说我信佛太过，我还可以宽容他。至于他说从东汉奉佛之后，帝王们个个短命，这话说得多么乖谬无礼！韩愈作为人臣，竟敢狂妄到这种地步，实在是不可宽恕。还是执意要杀韩愈。韩愈当时身为刑部侍郎，亦是朝廷要员，现在唐宪宗非杀他不可，使得满朝文武人人惊恐，亦为韩愈惋惜，皇亲国戚、当朝权贵都认为韩愈罪不当诛，纷纷为他求情。于是，唐宪宗法外开恩，免了韩愈一死，将他贬为潮州刺史。

韩愈忠于皇帝，直言得祸，因谏迎佛骨而差点丢了脑袋，但他那篇放言无忌、说理明确、言辞激切雄辩的《论佛骨表》却永传后世，成为我国历史上著名的反佛文章，而他本人也就成了唐代最著名的反佛人物之一。

祖孙相逢蓝田关

潮州（今广东省汕头市）属岭南道，当时是荒僻边远之地，历来是贬谪官员的场所。韩愈时任刑部侍郎，算是朝中大臣，但因在太岁头上动土惹恼了皇帝，所以受此重罚，被贬为潮州刺史。

韩愈被贬官，有司命他立即起程，韩愈只好被迫上路。韩愈刚刚离京数日，"有司以罪人家不可留京师，返遣之（强迫遣送往贬所）"。按照当时的法律，韩愈是朝廷命官，虽获罪遭贬，但家属不必随往；韩愈家属被强行遣送，可见处罚之重。当时韩愈有一子四女，除儿子韩昶外，四女均未成年；而老成的子女，堂兄韩岌、韩弇（yǎn）、韩俞的子女均由韩愈抚养，加上仆从人员，总数达百人左右。当时天寒地冻，全家扶老携幼，情景十分凄惨。女儿挐（ná）年十二，有病在床，也被迫遣送，路途颠簸劳累，病死于商山之层峰驿。韩愈年未四十，已经"发苍苍""视茫茫""齿牙动摇"，此时年五十二岁，已入老境，遭此巨大政治打击，内心凄楚悲愤自不必说。

韩愈离京，取道商洛，走到蓝田关，隆冬大雪，道路难行，这使他不禁想起十五年前的一幕：那是因上《论天旱人饥状》被贬为阳山令，也是在隆冬季节由此出关而赴贬所。正在此时，他的侄孙韩湘冒雪前来相送。韩湘是韩老成的长子，相传为八仙过海中的韩湘子，实则系小说家之言，不足为凭。韩湘一直陪伴韩愈到潮州，并于长庆三年（823）进士及第。

韩愈心情不好，处境恶劣，侄孙韩湘来送，使他百感交集，遂写下了《左迁至蓝关示侄孙湘》一诗："一封朝奏九重天，夕贬潮阳路八千。

欲为圣明除弊事，肯将衰朽惜残年。云横秦岭家何在？雪拥蓝关马不前。知汝远来应有意，好收吾骨瘴江边。"

韩愈于元和十四年（819）正月十四日上《论佛骨表》，数日之后即被贬为潮州刺史。"朝奏""夕贬"，极言贬官之速；被贬离京城八千里路之外的潮州，说明处罚之重。但韩愈仍坚决认为自己谏迎佛骨是出于对朝廷的忠心，是为朝廷除弊，为此也就不再顾惜自己的"衰朽残年"。惹了皇帝，被判重罪，但他依然态度倔强，表现了一身正气。如今在"云横秦岭""雪拥蓝关"的恶劣自然环境中，自己是有"家"难回，甚至马也通人意，不愿前行。这里的"家"既指自己在长安的"家"，当然也指他忠心报效的朝廷，表现了强烈的思家恋阙之意。最后告诉侄孙韩湘：我知道你此来何意，因潮州乃瘴疠之地，我此去很可能死在那里，你好将我的骸骨收拾回来。

此诗首联写获罪之由；颔联申述无罪遭贬；颈联即景抒情，确有英雄失路之悲；尾联交代后事，倾吐凄楚激愤之情。全诗既表现了韩愈无罪遭贬的满腔义愤，也表现了他辟佛除弊、老而弥坚的凛然正气和刚正不阿的精神，义薄云天，感人至深。

韩愈和韩湘祖孙蓝田关相见，向来为人们乐道；而这首七律笔势纵横开阖，风格沉郁顿挫，深得杜甫七律之精髓，与其《论佛骨表》一文交相辉映，千秋传诵。

为民驱鳄

韩愈因上《论佛骨表》触犯龙颜，被贬为潮州刺史。他历时近百天，行程数千里，历尽艰辛，到达潮州。

唐代的潮州，是名副其实的边穷地区，但那时政府没有优惠政策扶持，百姓日子过得相当艰难。韩愈在潮州，勤于政事，忠于职守，不敢以州小地僻而疏忽，也不敢以自己年老体弱而怠惰。他不摆朝廷大员的官架子，一上任，即面询百姓疾苦，关注农业生产，兴修水利，去害除弊，安定百姓生活。潮州北门的"北门堤"即是"自唐韩文公筑"。潮州天灾频繁，韩愈曾先后写下五篇"祭神文"，为百姓祈祷求福。当然，这并非韩愈迷信。其实韩愈对"神"的态度也与孔子大同，即"敬鬼神而远之"。不信其有，也不强辩其无，加上岭南一带有崇敬鬼神的习俗，又淫祀（随便祭祀各种神），遇有灾异，必有祭祀。而地方长官能否亲自参与祭神，乃是百姓判断他是否关心民生、忠于职守的重要标志，所以韩愈也只好入乡随俗。而特别值得一说的，是韩愈在潮州还进行了一场祭祀鳄鱼的活动。

据《旧唐书·韩愈传》载："愈至潮阳，既视事，询吏民疾苦，皆曰：郡西湫水有鳄鱼，卵而化，长数丈，食民畜产将尽，以是民贫。"鳄鱼为害一方，百姓因此贫困，理应除之。于是韩愈便顺应民意，并依照当地的风俗，写下了一篇《祭鳄鱼文》，举行了一次祭鳄鱼活动。祭文开头就郑重其事地向鳄鱼讲了一通大道理："今天子嗣唐位，神圣慈武，四海之外，六合之内，皆抚而有之。"既然天子圣明，天下太平，鳄鱼就不该兴风作浪。接着就历数鳄鱼的罪状："悍然不安溪潭，据处食民畜熊豕鹿獐，以肥其身，以种其子孙，与刺史亢拒（抗拒），争为长雄。"再接着就是劝鳄鱼离开："鳄鱼有知，其听刺史言，潮之州，大海在其南。鲸鹏之大，虾蟹之细，无不容归，以生以食。鳄鱼朝发而夕至矣。"就是说，大海离此不远，那里有的是生存空间，请你们听刺史的话，到那里去安家。文章的最后就是下逐客令了：

今与鳄鱼约：尽三日，其率丑类（领着同伙），南徙于海，以避天子之命吏（朝廷命官）。三日不能，至五日；五日不能，至七日；七日不能，是终不肯徙也，是不有刺史、听从其言也。不然，则是鳄鱼冥顽不灵，刺史虽有言，不闻不知也。夫傲天子之命吏，不听其言，不徙以避之，与冥顽不灵而为民物害者，皆可杀。刺史则选材技吏民，操强弓毒矢，以与鳄鱼从事（周旋，斗争），必尽杀乃止。其无悔！

义正词严，气势凌厉，显然是一篇讨伐鳄鱼的檄文。

而据《旧唐书》本传载："居数日，愈往视之，令判官秦济炮一豚一羊，投之湫水，咒之……咒之夕，有暴风雷起于湫中。数日，湫水尽涸。徙于旧湫西六十里。自是潮人无鳄患。"

这颇有几分滑稽之感的祭文，这颇带诡异色彩的祭鳄效果，颇为后人所乐道，也时遭人们责难，如王安石就批评韩愈"诡怪以疑民"。其实，这种带迷信色彩的传说可能始于民间，如晚唐张读的《宣室志》卷四"韩愈驱鳄"条就说："命廷掾（幕僚）以牢醴（祭品）陈于湫之旁，且祝曰……是夕，郡西有风暴雷，声振山郭，夜分霁（天晴）焉。明日，里民视其湫，水已尽。公命使穷其迹，至湫西六十里易地为湫。巨鳄亦随而徙焉。"《旧唐书》大概是采纳了这些传说，可见不是韩愈"诡怪以疑民"，用迷信手段自神，去糊弄老百姓，而是民间出于对韩愈的敬意编出来的故事。

韩愈既不信鬼神，当然也就不会指望写一篇祭文，举行个仪式，鳄鱼就会逃走。真正把鳄鱼驱赶走的，恐怕还是他"硬"的一手，即《祭鳄鱼文》中所说："选材技吏民，操强弓毒矢，以与鳄鱼从事"，此外，他筑北门堤，将溪水断绝，恐怕也有一定的作用。

我们揭开"祭祀"的面纱，明了民间带神话色彩的传说，就不难看到这场"滑稽戏"的真相：韩愈出于刺史的职责，出于为民除害的动机，采取有效措施，组织民众，一举消除鳄鱼为患，造福一方。而他所写的这篇《祭鳄鱼文》，大笔濡染，突破程式，文字矫激，情真气盛，不愧为千古传诵之名作。

出资办学

在中国的封建社会里，唐代是比较重视教育的，教育事业也相当发达。除中央所办的国子监外，地方有州、府、县学，县学之下，又有分校。地方学校均由各级地方政府兴办，配备师资，教授生徒。而实际上，很多地方都办不到，尤其是像潮州这样的荒远小州，不但分校废弃，甚至州、县之学也废而不兴。韩愈历来对教育十分重视，从他三入太学执教，谆谆教诲子弟，写《师说》，抗颜为师，上疏反对朝廷因天灾而停止科举考试等一系列言行，都表明他对教育事业的关切。他到潮州不久，就觉察到潮州教育状况十分糟糕，便立即着手兴办学校，振兴教育事业。

他以州刺史的身份给所属各县发了一封《潮州请置乡校牒》。牒，是上级发给下级的一种公文，而这封牒是专就办学问题下发的文件。牒中首先对潮州已成文化沙漠的情况深表不满和忧虑："此州学废日久，进士明经，百十年间，不闻有业成贡于王庭、试于有司者。人吏目不识乡饮酒之礼，耳未尝闻《鹿鸣》之歌，忠孝之行不劝，亦县之耻也。"州学久废，进士、明经两科，百十年间不但无一人及第，而且连一名"乡贡"之士都没有。由于教育的严重缺失，所以这里的文化、文学水平和伦理道德教育都极差，韩愈认为这是县里的耻辱。基于此，韩愈要求各县除整治、兴办县学外，还要从基层的乡学办起，改变"闾里后生无所从学"的局面。而作为一州之长，其首要的责任是率先办好州学。为此，他特地聘请"沈雅专静，颇通经，有文章，能知先王之道"且"排异端而宗孔氏"的赵德为师，并让他以摄海阳县尉、州衙推官的身份"专勾当（主管）州学，以督生徒，兴恺悌之风"。除此之外，韩愈还带头筹措办学经费："刺史出己俸百千以为举本。收其赢余（收支相抵后剩余的财物），以给学生厨馔（补贴伙食）。"就是说，韩愈从自己的工资中拿百千（十万）钱来兴办州学。自己掏腰包办学，相当于今天的捐资助学，看来，韩愈也是在搞希望工程。潮州州小，刺史俸禄不多。韩愈由刑部侍郎这副部级干部贬到潮州，工资降了不少。岭南节度使孔戣曾打算"每月别给钱五十千（五万）"以补贴其用，被韩愈委婉谢绝。韩愈在自己不富裕的情况下捐钱兴学，确为难能可贵。

在韩愈的多方努力下，潮州的各类学校都有起色。赵德对韩愈十分敬重，视之为师。在州学里除教授生徒们《诗》《书》外，还选录了韩愈七十二篇文章编成《文录》，作为文章范本向生徒们广为传播。

韩愈在潮州仅有半年左右，在历史的长河中，不过瞬间；在潮州的历代地方官员中，不过是一个来去匆匆的过客，但他在潮州的人文史上却占有极其重要的地位，产生了极为深远的影响。究其原因，主要就在兴办教育、传播文化这个根本点上。苏轼在《潮州韩文公庙碑》的开头就饱含深情地说："匹夫而为百世师，一言而为天下法。"道理深刻，绝非虚誉。苏轼文中还说："始潮之人未知学，公命进士赵德为之师，由是潮之士笃于文行，延及齐民，至于今，号称易治。""潮人之事公也，饮食必祭，水旱疾疫，凡有求必祷焉。"潮州有了浓厚的教育气氛，有了良好的社会教化，百姓对他感恩戴德，奉若神明，为其建庙，百世祭祀，至今香火鼎盛。为永远铭记这位给潮州带来巨变的贬谪之臣，潮人还以其姓氏命名山水，如韩江、韩山、韩亭等。韩愈之享有这等荣幸，古往今来，实属罕见，这大概也是韩愈生前料想不到的。他兴学重教，替百姓办了好事，潮人没有忘记他。

结友大颠和尚

唐朝在思想意识形态领域中，奉行儒、释、道三教并立的政策，佛、道二教为官方所承认，且由于皇帝多信佛、道，所以敢于公开反佛的人已经不多。元和十四年（819），宪宗迎佛骨，韩愈上《论佛骨表》极谏，语涉不敬，惹恼皇帝，被贬潮州。"刑部侍郎昌黎韩愈既贬于潮，浮屠之徒，欢快以忭（biàn，拍手）。"韩愈倒霉被贬，佛徒拍手称快，这是合乎生活逻辑的。但韩愈贬官后不久，佛徒中又盛传韩愈皈依佛门了。这到底是怎么回事呢？问题就出在韩愈和大颠和尚的交往上。

据《潮州府志》载："宝通，号大颠，俗姓陈氏，或曰杨姓，先世为颍川人，生于开元末年……正（贞）元六年，开辟牛岩，立精舍……七年，又于邑西幽岭下创建禅院，名曰灵山……门人传法者千余人，自号为大颠和尚……长庆四年，一日告辞大众而逝，年九十三。"据此可知，韩愈被贬潮州时，大颠已年近九十岁，在潮州建有禅院，传扬佛教三十多年，门人上千，应该说是一位颇有名望的僧人。韩愈被贬潮州，十分苦闷和寂寞，听说有这个人物，于是开始与之交往。现存于韩愈文集中的《与大颠师书》（三封），即是他们交往的证明。而佛徒们正是抓住了这一点，大造韩愈皈依佛门的舆论，世上一些不明真相的人也据此乱加猜测：是不是韩愈因谏迎佛骨被贬而改变了反佛的立场，甚至信奉佛教了？特别是士大夫中一些信奉佛教的人，更乐于打听和传扬此事。

元和十五年（820）初，韩愈由潮州刺史改任袁州刺史，吉州（今江西省吉安市）司马孟简就致书韩愈，称"有人传愈近少信奉释氏"。孟简曾任检校工部尚书，是一位精于佛典的佛教忠实信徒。对这位重量级人物的询问，韩愈给予了十分认真的回答。他在《与孟尚书书》中先详细澄清了他与大颠往来的事实："人传愈近信奉释氏，此传之者妄也。潮州有一老僧号大颠，颇聪明，识道理，远地无可与语者，故自山召至州郭，留十数日。实能外形骸，以理自胜，不为事物侵乱。与之语，虽不尽解，要自胸中无滞碍，以为难得，因与来往。及祭神至海上，遂造其庐。及来袁州，留衣服为别，乃人之情，非崇信其法，求福田利益也。"首先肯定传谣者是胡说八道，其次说明和大颠交往的理由：边远地区无人交谈，而大颠"颇聪明，识道理"，能"以理自胜""胸中无滞碍"。同时交代了二人往来的具体情况：韩愈将大颠召至州府，住了十多天；韩愈去海上祭神，曾拜访过大颠；韩愈调任袁州，给大颠留了些衣服，而这些均为人之常情，并非信奉佛教。韩愈将此事的来龙去脉讲得清楚明白，并且均系实情。因为韩愈虽坚决反佛，但从来不拒绝与僧人来往，如澄观、文畅、惠师、灵师、高闲、盈上，以及还俗前的贾岛（法名无本）等，都和韩愈有交往，所以韩愈在潮州与大颠和尚交往，完全属正常情况。作为宗教，韩愈反佛；作为个体的僧人，韩愈区别情况和他们交往，这正是韩愈的通脱之处。

为了表明自己坚定的反佛立场，韩愈在给孟简的信的最后说："释老之害，过于杨墨（杨子和墨子）。韩愈之贤不及孟子，孟子不能救之于未亡之前，而韩愈乃欲全之于已坏之后。呜呼，其亦不量其力，且见其身之危，莫之救以死也。虽然，使其道由愈而粗传，虽灭死万万无恨。天地鬼神，临之在上，质之在旁，又安得因一摧折（被贬），自毁其道以从于邪也？"这一斩钉截铁的回答，重申了自己弘扬孔孟儒道，坚持排斥佛老的立场绝不会改变，既是对孟简的回答和棒喝，更是对造谣生事的佛教徒们的有力回击。

韩愈终生排斥佛老，一篇《论佛骨表》更把他定格在中国历史上勇敢的反佛斗士的位置上。说韩愈和大颠往来是改变了反佛立场，亲近僧徒以示悔改等，确系别有用心的毁谤和中伤。

改革太学

韩愈是中国古代杰出的教育家。他那"招诸生立馆下而诲之"的国子先生形象，永远活在人们心中；他那"业精于勤，荒于嬉；行成于思，毁于随"的谆谆教诲，他那"师者，所以传道、受业、解惑者也"对"师"的准确定义，他那以"闻道"为唯一条件的择师标准，以及"圣人无常师""弟子不必不如师，师不必贤于弟子"的师弟子关系，都极大地丰富和发展了我国古代的教育思想。这种教育理论的创新，也大大削弱了师道尊严的封建性，突破了传统教育的藩篱和壁垒。

韩愈一生四入国子监任学官，三为博士（教授），一为祭酒（相当于校长），在当时国家的最高学府里为国家的教育事业贡献自己的才智。他不顾流俗，抗颜为师，作《师说》，收弟子，宣传自己的教育理念，实践自己的教育思想。他对当时太学的招生办学、教学方法和学校风气的革新都做出了自己的努力。

中唐时期，国子监日趋败落，入学人数锐减，学生成分混乱。按规定：国子馆三品以上官员子弟入学，太学馆五品以上官员子弟入学，四门馆取一般官员子弟及庶民子弟中之才俊入学，而"工商凡冗"子弟是没有资格进入中央学校的。但到中唐，公卿子孙耻游太学，生源锐减，工商子弟也乘机混入。为改变这种局面，振兴太学，韩愈竭力主张扩大太学的招生范围。在《请复国子监生徒状》中，他不仅对"近日趋竞，未复本源。至使公卿子孙，耻游太学"的积弊深表不满，而且提出了改革和整顿的具体意见："今请国子馆并依《六典》；其太学馆量许取常参官八品以上子弟充；其四门馆亦量许取无资荫（门荫）有才业人充；如有资荫不补学生应举者，请礼部不在收试限；其新补人有冒荫者，请牒送法司科罪。"即是说，太学馆应让八品以上官员子弟入学，四门馆请特许长安五百里以内"无资荫有才业"的人入学；对有资格入学而不入学的官员子弟，则取消其参加科举考试的资格。韩愈虽没有完全摆脱封建等级观念，但他敢于提出让"无资荫有才业"的人进入国家的四门学，降低太学学生入学的门槛，扩大生源，使更多中小地主阶级的知识青年跨入太学，不能不说是他崇德重才教育思想的表现，在他认为是"有君无臣"的时代，对培养人才具有重要的意义。

对于教师队伍，韩愈也力主整顿。他曾向吏部呈《国子监论新注（新甄选）学官牒》，指出学官中多有学既不博、艺亦不精者，导致"至令生徒不自劝励（不努力学习）"，要求吏部此后"非专通经传、博涉坟史及进士五经诸色登科者，不以比拟（不加选用）"，即凡不够到太学任职的人一律不加聘用，而凡准备授予学官的人，国子监要另加"研试"考核，真正合格者才能上岗。

韩愈在任国子祭酒期间，努力改进教学方法，活跃学习气氛。据李翱《韩吏部行状》载："奏儒生为学官，日使会讲"，即聘请有德有才的儒生到太学来，让他们每天会聚一起，自由讲授自己的观点，切磋学问，大大活跃了学术气氛。"生徒多奔走听闻，皆相喜曰：'韩公来为祭酒，国子监不寂寞矣。'"

韩愈还大力矫正太学的不良风气。《韩吏部行状》载："公入迁祭酒。有直讲（相当于讲师），能说礼（有学问）而陋于容（长相不那么酷）。学官多豪族子（官二代），摈之（摒弃、排斥他）不得共食（一起吃饭）。公命吏曰：'召直讲来，与祭酒共食！'学官由此不敢贱直讲（看不起直讲）。"韩愈召有才而颜值不高的直讲来和自己一起吃饭本不是什么大事，却是对"以貌取人"的不良风气的否定。只此一举，风气遂变。这是韩愈一贯重视才德思想的又一体现。

在"学官多豪族子"、学生多达官弟子的国家最高学府，韩愈敢于突破典章和旧例，做别人不敢做的事，大胆改革太学，努力实践自己的教育理念，这既是他特立独行人格的具体体现，也是他对中国教育事业的突出贡献。

推　敲

"推敲"一词，人们常用：一指斟酌字句，二指对事情的反复考虑。但这一词的来历，却有一段韩愈和贾岛的有趣故事。

贾岛（779—843），字浪仙，河北范阳（今北京市附近）人，出身于寒门。三十岁之前，栖身于佛门，法名无本。他当和尚时，洛阳令有规定：僧人不许午后走出寺门。贾岛对此十分不满，有诗句云："不如牛与羊，犹得日暮归。"韩愈爱其才，与之交往，教其为文，并劝他还俗参加进士考试。贾岛听了韩愈的话，还俗举进士，但屡试不第。年近花甲，始被任命为长江县（今四川省蓬溪县）主簿，后人称其为贾长江。

贾岛能诗，风格怪癖、瘦硬，苏轼曾有"郊（孟郊）寒岛（贾岛）瘦"之说。韩愈对贾岛的诗非常赏识，相传曾赠诗给他："孟郊死葬北邙山，日月星辰顿觉闲。天恐文章中断绝，再生贾岛在人间。"贾岛因此而名声益振。

贾岛是一位苦吟派诗人,长于锤炼字句,作诗一丝不苟。他的《送无可上人》一诗中有"独行潭底影,数息树边身"二句,他在这两句诗后又有一首小诗:"二句三年得,一吟双泪流。知音如不赏,归卧故山秋。"两句诗琢磨了三年,要是靠写诗挣稿费糊口,岂不要饿死?不过,由此我们也足可看出他作诗的认真态度。他又有《题李凝幽居》一诗,以其中"鸟宿池边树,僧敲月下门"一联著称,而他与韩愈有关"推敲"的故事即由此而来。

据后蜀何光远《鉴戒录·贾忤旨》记载:"(贾岛)忽一日于驴上吟得'鸟宿池边树,僧敲月下门'。初欲著'推'字,或欲著'敲'字,炼之未定,遂于驴上作'推'字手势,又作'敲'字手势。不觉行半坊。观者讶之,岛似不见。时韩吏部愈权(权知,暂时代理)京兆尹(长安市市长),意气清严,威震紫陌(长安城的大街)。经第三对呵唱(喝道),岛但手势未已。俄为宦者推下驴,拥至尹前,岛方觉悟。顾问欲责之,岛俱对:'偶得一联,吟安一字未定,神游诗府,致冲大官,非敢取尤(责备),希垂至鉴。'韩立马良久思之,谓岛曰:作'敲'字佳矣。"贾岛因苦吟而太过专注,冲撞大官韩愈,韩愈不以贾岛为无礼而责难,而是"立马思之良久",为其斟酌字句,并告之"敲"比"推"好。

另据辛文房《唐才子传》载,一天,贾岛于驴上赋诗,以得"落叶满长安"来对"秋风吹渭水"而喜不自胜,无意冲撞了京兆尹刘栖楚,被抓起来关了一夜。可见他是个惯犯,闹笑话不止一次。

因推敲字句而冲撞韩愈、刘栖楚的事是否实有,尚在两可之间,因为系野史、笔记所载,难以确认,但有一点是可以肯定的:贾岛苦吟,韩愈爱才,韩愈能容人之过,助人推敲定稿。此事传为文坛佳话,此词成为典故,自在情理之中。

谀墓之讥

碑文、墓志铭，是一种非常古老的文体。"自后汉以来，碑谒云起。"可见在东汉，这种文体已非常盛行。古人仙逝，其家人及门生故吏往往不惜重金为其撰写碑文、墓志铭。目的是叙其功德，褒扬忠烈，以便"信今（取信于当世）传后（流传于后世）"。随着这种风气的转盛，一批写碑志文的文人也应运而生，比如蔡文姬的老爹蔡邕就是东汉末年著名的墓志铭专家。此风至唐更盛，家里死了人，千方百计要请名人写碑志；而一听说谁家死了人，许多人争抢着要为人家撰写碑志，市场异常火爆。当然，写不能白写，报酬一定是少不了的。当时没有稿费一说，聪明人就给这种报酬起了一个很雅的名号，叫作"润笔"。润笔之丰厚，使不少文人趋之若鹜，如初唐的王勃，盛唐的李邕、王缙等都堪称专家。

韩愈文章写得好，名气大，自然是求撰者不绝于门。求的人多，写的自然也多，相应地，润笔也得了不少。不言而喻，也会引起一些人的羡慕或嫉妒。现存于韩愈文集中的碑志文，如果加上祭文的话，总数在百篇左右，占其全部文章的四分之一还多。因此，后世遂有韩愈谀墓得金之说。所谓"谀墓"即阿谀墓中的死人。阿谀死人，隐恶扬善，活着的人自然高兴，也就乐意多付"润笔"。后世说韩愈"谀墓"，无非是说韩愈人品不好，贪财好货，违心地说死人好话。

那么，说韩愈"谀墓"起于何时、何人呢？这事还得追究到李商隐。李商隐有一篇文章叫《齐鲁二生》，其中之一便是韩孟诗派中的怪诗人刘叉。文中讲刘叉"亦一节士""任气重义"，后因饮酒杀人，"变姓名遁去。会赦得出，后流入齐、鲁，更折节读书，能为诗歌"，后刘叉到长安，生活拮据，"穿屦破衣，以寻常人乞丐酒食为活。闻韩愈善接天下士，步行归之"。当他离开韩愈家时，见韩的案上有钱，"因持愈金数斤而去，曰：此谀墓中人所得耳，不若与刘君为寿（不如给我老刘拿去花吧）！"此文一出，韩愈"谀墓"之讥也就不绝于耳了。

韩愈的钱即使全是润笔，在当时也算得是文人第二职业的正当收入；刘叉不经主人允许，私自将钱拿走，即使算不上偷、窃，这种顺手牵羊之举也不大光彩。所以当此之时，顺口说句自我解嘲的话，给自己找个台阶下，也是可以理解的。他大概也想不到这句话竟成为后人说韩愈谀墓的依据。

韩愈到底谀墓不谀墓，后世有针锋相对的两种意见。这场争论历千年而至今仍未完全达成共识。从韩愈现存的碑志、祭文来看，虽也有少量为大人物曲讳之处，如给唐宪宗的舅爷王用所撰《赠工部侍郎太原郡公神道碑》，给韩弘所写《司徒兼侍中中书令赠太尉许国公神道碑铭》等，即有虚谀不实之处。但就其总体来说，他为达官显贵所撰实在不多，而为中小官吏、至亲好友所撰的确不少，甚至在给他的挚友柳宗元所写的墓志铭中也敢直言自认为柳宗元的不足之处。韩愈自己在《题欧阳生哀辞》中说："古之道不苟毁誉于人，则吾之为斯文，皆有实也。"韩愈的话基本上是可信的。清代大学问家章学诚谈及此事时说："昌黎文起八代之衰，大书深刻，群推韩碑。然谀墓之讥，当时不免。今观《韩集》碑志诸篇，实未尝有所苟誉（随便称誉）。惟应酬牵率（随便对付）无实之文，十居其五。"（《文史通义》外编）章氏所言，颇为中肯。

当然，我们在议论韩愈是否谀墓的问题时，千万要考虑到这种文体的特点：人已离去，多说说他的好处，多说几句称颂的话，以寄哀思，乃人之常情。万不可将一些习惯用语统统归之于"谀墓"，古人如此，今人也如此。这是人们对死者的一种感情寄托，不得以谀墓论。

韩愈是无可争议的碑志文专家，对传统的这类文字进行了大胆的改造和创新，成为他古文创作中的一个重要组成部分，并且后世公认是他各类文体中成就最高的一部分。章学诚甚至有"韩碑杜律"之说，把韩愈的碑志文和杜甫的律诗相提并论。曾国藩认为后世碑志文的很多写法"皆韩公创法，后来文家踵之，遂援为金石定例"。韩愈的碑志文成为后世此类文字的范式，欧阳修、王安石等一流的墓志铭专家都遵循的是韩愈的路子。所以我们万不可以"谀墓"二字抹杀韩愈对这种文体的重要贡献。

抚养穷孤的慈善家

后世一些文人，看到韩愈汲汲于做官，又为人撰写碑志文，得润笔，既有工资，又有外快，一定富得流油，所以就认定他是一个贪财好货的东西，对他多有微词。例如，历史上就有人讥笑韩愈"戚戚于贫贱"，不忍须臾之穷；今人更有甚者，说什么韩愈在京城有一个不错的住宅，终南山还有别墅，不是贪污，哪里来的钱？这显然是忘记一个基本事实：俗话说，三年清知府，十万雪花银。像韩愈这样的三品大员、大学校长、吏部副部长、长安市市长，家里有这点东西，在当时也算是"小巫"了。

韩愈出身于中下层官僚家庭，又家门不幸，当他开始步入仕途之时，直系亲属父、兄辈和几位叔父都已亡故，生活负担相当沉重。但韩愈一生都没有把挣钱、攒钱、买房子置地列入自己的人生追求。韩愈一生想当官，想当大官，并且不遗余力地去"求"，有人就斥之为"官迷"，这是偏见。在封建社会里，做官是知识分子参政的唯一途径，文人争相做官，和今天的公务员热是一个意思。想当官不一定是坏事，关键在于为什么做官。韩愈多次公然表示自己做官是为了行"志"。那么他的"志"又是什么呢？

在《答崔立之书》中他有具体地表述："故凡仆之汲汲于进者，其小得（做小官），盖欲以具裘葛（冬有裘，夏有葛衣，解决个人生活问题），养穷孤；其大得，盖欲以同吾之所乐与人耳（让他人与己同乐）。"这不就是传统儒家所讲的"穷则独善其身，达则兼济天下"吗？可见他做官不是为了求田问舍，更不是为了鱼肉百姓，而是要忠君安民，治国平天下。

韩愈一生是这么说的，也是这么做的。

从对家人来说，他堪称"孝友慈祥"。至元和元年（806），韩愈的兄弟辈五人皆已亡故，其寡嫂、孤侄、孤侄女以及侄孙、侄孙女可知者十五人，基本上都随韩愈一起生活，由韩愈抚养，如韩老成、韩湘、韩滂等。尤其令人感动的是韩愈对从兄韩弇遗孀、遗孤的态度。韩弇死于吐蕃劫盟，当时其妻韦氏只有十七岁，还有一个七个月的女儿。在韩弇的胞兄韩俞仍在世的情况下，韩愈毅然以从弟的身份，承担起养活寡嫂和孤侄女的责任，并于贞元十六年（800）将孤侄女嫁给李翱。

从对朋友来说，他更是笃于友情。李翱在《韩吏部行状》中说："与人交，始终不易（不改变）。凡嫁内外及交友女无主者十人。"《新唐书》称他"凡内外亲若交友无后者，为嫁遗孤女而恤其家"。皇甫湜在《韩文公神道碑》中说："其贤善耳……内外惸（qióng，孤独无依之人）弱悉抚之，一亲以仁。使男有官，女有从，而不啻于己生。交于人，已而我负（对不起韩愈）终不计，死则庀（pǐ，保护）其家，均食剖资（分钱）与人，故虽微弱，待之如贤戚，人诟笑之，愈笃。未尝一食不对客……未尝宿贷有余财。"

此外，韩愈还收留穷愁落魄的知识分子，如刘叉等人，获得"善养士"的好名声；无偿地把"价值百金"的画赠予画的临摹者；在潮州出资"百千"（十万）兴办学校等，都说明韩愈的仁爱之心始终如一。他不是一个嗜钱如命的守财奴，而是一位乐善好施的人物。像他这样不遗余力抚养穷孤、关注社会弱势群体、为公益事业捐资的人，在封建时代是为数不多的。我们称他为封建时代的慈善家，似乎也不算过分。

小档案

韩愈（768—824），字退之，河内河阳（今河南省孟州市）人。郡望是昌黎，常自称"昌黎韩愈"，后人遵称"韩昌黎"。晚年任吏部侍郎，后世又称"韩吏部"。死后谥号"文"，后世又称"韩文公"。

韩愈是一位政治家，他反对藩镇割据，反对宦官干政，维护中央集权，反佛反道，同情百姓疾苦。韩愈是一位思想家，他的主导思想是儒家，但又杂取法家、墨家及诸子各家思想，形成以解决现实问题为出发点的实用主义新儒学。韩愈是一位杰出的文学家，他组织和领导了我国文学史上第一次自觉的文学运动，为中唐古文运动造就了一支浩浩荡荡的队伍。他为中唐古文运动提出了文以明道、不平则鸣等一系列理论主张，指导古文运动取得了巨大的成功。他写出了第一流的古文，被誉为"唐宋八大家之首"。韩愈是一位开宗立派的大诗人，是中唐韩孟诗派无可争议的领袖，开创了奇崛横放、散文化、议论化的独特诗风，深深影响了晚唐及有宋一代诗歌的发展流变。韩愈是孔子之后最为出色的封建教育家，他从理论和实践的结合上改造教育，扭转风气，使尊师重教传统得以传承和发扬，对我国的教育事业作出了不可磨灭的贡献。

韩愈名段名言

古之学者必有师。师者，所以传道、授业、解惑也。……是故无贵无贱，无长无少，道之所存，师之所存也。(《师说》)

是故弟子不必不如师，师不必贤于弟子，闻道有先后，术业有专攻，如是而已。(《师说》)

世有伯乐，然后有千里马。千里马常有，而伯乐不常有。故虽有名马，只辱于奴隶人之手，骈死于槽枥之间，不以千里称也。(《马说》)

士之特立独行，适于义而已，不顾人之是非，皆豪杰之士，信道笃而自知明者也。(《伯夷颂》)

先生口不绝吟于六艺之文，手不停披于百家之编；记事者必提其要，纂言者必钩其玄；贪多务得，细大不捐；焚膏油以继晷，恒兀兀以穷年。先生之业，可谓勤矣。(《进学解》)

气，水也；言，浮物也。水大而物之浮者大小毕浮，气之与言犹是也，气盛则言之短长与声之高下者皆宜。(《答李翊书》)

柳宗元：

高风亮节义气真，文学辞章传世远

年轻时，他思想活跃，积极参加永贞革新，奉行儒家的"仁政爱民"主张；受挫后，他借自然山水和佛理排遣失意苦闷；他是唐代古文运动的副帅，以寓言和山水游记最为知名，与韩愈并称"韩柳"。

从未到过的老家

柳宗元的祖籍是唐代的蒲州解县（今山西省运城市）。山西省解县在秦朝时属于河东郡。至唐，设置蒲州。后又升格为河中府，而在唐玄宗天宝（743—755）至唐肃宗至德（756—757）年间，又曾一度恢复了河东郡的旧称。

柳宗元的祖上，确为门阀贵族。在北朝时，柳、薛、裴并称为"河东三著姓"。他的祖上历代多为高官，如其七世祖柳庆，西魏时官至骠骑大将军、开府仪同三司、尚书右仆射；六世祖柳旦，在北周时授仪同三司、中书侍郎，封济阴公。唐高宗朝，柳氏一族同时在尚书省做官的就达二十多人。

唐朝统治集团的核心是所谓的"关陇集团"，其根据地就包括柳宗元的祖籍古河东地区，而柳氏也正是其中一个非常有势力的家族，在唐王朝的建立过程中曾起过重要的作用。柳宗元的高祖柳子夏，在唐朝初年曾任徐州长史；其五世祖柳楷曾做过洛、房、兰、廓等州刺史；柳楷的兄弟柳亨，曾娶唐高祖李渊之外孙女为妻，不但颇受李渊爱重，而且和太宗李世民关系密切，李世民曾对他说过："与卿旧亲，情素兼宿"的话；柳楷的另一个兄弟柳奭（shì），贞观年间做过中书舍人，在高宗朝曾任宰相，其外甥女即是高宗的王皇后。可见，唐初的柳氏，确为权贵兼外戚，在朝中地位显赫。

但随着唐代统治集团内部政治斗争的演进，柳氏一门的命运也发生了剧变。高宗李治的王皇后无子，作为舅父的柳奭曾与元老重臣褚遂良、韩瑗、长孙无忌等谋立李治的长子、出身微贱的刘氏所生的李忠为太子。后武则天得宠，诬告王皇后，王皇后遭忌而被疏远，最终被废，而武则天被立为皇后。不久，许敬宗、李仪府等人，秉承武则天旨意，诬告柳奭与韩瑗、来济、褚遂良等"潜谋不轨"，柳奭一再被贬，最终于显庆四年（659），以"潜通宫掖、谋行鸩毒"的莫须有之罪名被除名，被杀害于象州。遭此清洗后，柳氏一门"子孙亡没并尽"，柳氏从此一蹶不振，由世族沦落为庶族。柳宗元的曾祖父柳从裕、祖父柳察躬、父亲柳镇虽也不离仕宦，但只不过是县令、御史之类的小官。

柳氏虽为河东望族，但因柳宗元祖上世代在外为官，故其一族早已远离故土，连祖坟都已迁到京城长安附近的万年县（今陕西临潼东北）。柳宗元出生于长安，并且在其一生四十七年的岁月里，也从未踏上过他的祖籍故土。可是，柳宗元又为什么称自己为"河东人氏"呢？这又不得不说到唐人的门第观念。

唐代虽废除了从曹魏开始的"九品中正制"，不以门第取士，但唐代的士大夫仍因袭旧的传统，十分看重门第。唐朝皇帝姓李，就攀老子李耳为祖；杜甫就认晋代名人杜预为祖，族出不明的李白亦自称出于陇西，就连系出龟兹族的白居易、匈奴族的刘禹锡、鲜卑族的元稹等，也毫无例外地在汉、魏世家中找到了相当阔气的祖宗，何况柳宗元是货真价实的门阀贵族出身呢！一说河东柳氏，无人不晓；而如说万年柳氏，则大概无人知晓了，所以柳宗元亦以自己的族望称，理直气壮地说自己是河东人。世人也因此称他为"柳河东"。他死后，他的挚友刘禹锡为其编辑了文集，名为《柳河东集》。随着其文集的广泛流布，大名鼎鼎的柳河东便广为后人知晓了。

战乱中的童年

柳宗元于唐代宗大历八年（733）出生于长安，当时其父柳镇正在长安主簿任上。柳宗元的家在长安城西南、渭水支流沣川岸边。这是柳氏一处祖传的小庄园，有"数顷田，树果数百株"。柳宗元在其《游南亭夜还叙志七十韵》一诗中说："十室有鄠、杜，名田占沣、涝。"在《游朝阳岩遂登西亭二十韵》中又说："故墅即沣川，数亩均肥硗（qiāo）。台馆集荒丘，池塘疏沉坳。"由此可推知庄园的大体位置和规模。此外，柳氏在长安城里的亲仁里还有一处住宅，是其祖父柳察躬晚年寄居之处。

主簿是个从八品的小官，俸禄微薄，但一家人的生活仍可以勉强维持。然而，安史之乱后的中唐时期，像柳宗元这样的下级官吏家庭经济是十分脆弱的，又极易受时局的影响。柳镇本人官况萧条，小庄园的经济也不景气。柳镇曾向朝廷请求到江南去做宣城令，大概也是出于经济上的考虑。可见，长安的一点家业已难以维持全家人的生计。

唐德宗建中二年（781），唐朝继安史之乱后又一次爆发了封建割据势力反叛朝廷的斗争——建中之乱。当时，成德军的李宝臣死，其子李惟岳请求继袭其位，德宗不许，于是河北四镇联兵反抗朝命；次年，河北乱平，但河北的朱滔、王武俊、田悦、李纳等又结盟称王，推朱滔为盟主；淮西李希烈也反，出兵围郑州，东都洛阳震恐；建中四年（783）十月，朝廷发泾原兵东征，但兵至长安发生哗变，叛军推朱泚为主，称大秦皇帝，战火燃烧于京城，德宗被迫逃亡奉天（今山西省乾县），京城人心浮动，民怨沸腾，这在年幼的柳宗元心中留下了难忘的印象。建中之乱前后历时五年，最终以朝廷向强藩妥协而告结束。

建中之乱时，柳镇在鄂州刺史李兼处任幕僚。泾原兵变之后，长安附近成了战场。为了避乱，柳宗元被送到其父的驻所夏口（今湖北省武汉市）。夏口是长江和汉水交通的枢纽，历来为兵家必争之地。建中四年（783）三月，淮西李希烈曾兴兵进犯，被李兼击退；次年一月，悍将董侍又率七千人来犯，李兼亲率士卒迎敌，奋力死战，击溃敌军。夏口保卫战有效阻遏了叛军南犯，对于战争全局具有重要意义，因而李兼被升为鄂、岳、沔都团练使，柳镇也在判官的原职上加上了殿中侍御史的官衔。他写了《夏口破虏颂》一文，歌颂这次战斗的胜利。年仅十多岁的柳宗元又一次亲身经历了战火洗礼，他十分赞赏父亲的纪功文章。

建中之乱的五年间，柳宗元的家庭并未离开长安。沦陷中的家所经历的苦难，特别是骨肉分离的痛苦，使柳宗元多年之后仍记忆犹新。他在为其二姐所写的《亡姊崔启夫人墓志盖石文》中，曾提到一次柳镇从夏口到长安出差，往返正经过李希烈叛军的盘踞地区，因一时没有消息，家人万分焦虑的情形，写出了当时离乱家庭的典型感受。

此后，柳宗元又跟父亲在湖南、江西一带游历，较为广泛地接触了社会。由于受父母的熏陶，柳宗元具备了较好的文学素养，又亲历战乱，接触了社会实际，使他在"读万卷书"和"行万里路"两方面都有了个好的开头。他当时虽然只有十三岁，但文章已经写得相当不错了。他曾写了一篇《为崔中丞贺平李怀光表》，这是他现存最早的一篇文章，却已表现出不凡的见识和老练的文笔，得到了当时一些知名文人的赏识，使他也有了"奇童"之名。也就在此时，由他父亲做主，他同文士杨凭九岁的女儿定了亲。

贞元四年（788），柳镇入朝为殿中侍御史，柳宗元也随父回到京城长安，时年十六岁。

良好的家庭教养

柳宗元幼年正逢战乱，生活动荡不定，因此，他未能像唐代一般士大夫子弟那样进入国学或州、县学校读书，但其受到的仍是古代士大夫子弟典型的儒家伦理、经典教育。这除了唐代十分重视文化教育的大环境外，主要得力于其父母。

幼年柳宗元曾多年随其父柳镇在湖北、湖南、江西一带生活，深受其品格、学识和文章的熏陶。他称赞其父"得《诗》之群，《书》之政，《易》之直方大，《春秋》之惩劝，以植于内而文于外，垂声当时"（《先侍御史府君神道表》）。柳镇精于儒学，但并非迂阔、不达世务的书生。他长期任职于军镇、府县，对动荡的社会现实有相当深刻的了解，并养成了积极用世的人生态度和刚正不阿的品格。他能诗善文，是当时社会上极为活跃的"文章之士"，其文采，其为人，对柳宗元的习文和做人都树立了楷模。

柳宗元的启蒙教育更得益于他的母亲。其母出身于著名的士族范阳卢氏，虽家道中落，却受到了良好的教育，有相当的文化修养。相传，她七岁即通《毛诗》和刘向的《烈女传》，柳镇曾对柳宗元说过："吾所读旧史及诸子书，夫人闻而尽知之无遗者。"可见，她不但读书多、知识广，而且也颇有见识，是一位相当杰出的女性。她对柳宗元的启蒙教育也抓得很紧。柳宗元四岁时，柳镇在南方做宣城县令，母亲即开始给他教授"古诗十四首，皆讽传之"。母亲还以《诗》、《礼》、图、史等教授柳宗元的两位姐姐，柳宗元也从中获益不少。此后，柳宗元在"乡间家塾，考厉志业"，也没有完全脱离家庭教育的影响。

柳宗元所受教育主要来自家庭，虽不及京城国学那么"正规"，但极为广博而实际，并且也较少受到当时所谓"名师宿儒"的教条的束缚。他的父母不仅教给他儒家经典和子、史等书籍的广泛知识，又亲自教他写诗作文，而家庭的衰败境况，亲历了丧乱流离之苦，又为他增添了许多实际的人生经验。这一切，不仅对他增长知识、开阔视野大有裨益，更培养和锻炼了他优良的品行和人格。再加上他本人天资聪慧，所以他的成长健康而迅速，十三岁即以"奇童"身份走入文人圈子中，结交同好，讲德论文。

柳宗元在社会和家庭都极不平静的状态下走过了他的幼年和少年时期，成长为一位出类拔萃的年轻士子，走上了当时绝大多数士子所必走的"觅举求官"之路。

坎坷的求仕之路

柳宗元的幼年和少年时期，适逢战乱，生活动荡不安。因此，他未能像唐代一般的士大夫子弟那样入国学或州、县学校接受正规教育，所以也就失去了以"生员"资格参加进士考试的机会；他的家族地位也使他根本不可能靠"门荫"得官。才华横溢的柳宗元要想步入仕途，唯一的出路是靠个人奋斗，走"觅举求官"的常途。

一般庶族子弟参加进士考试，必先求得州、县保举为"乡贡"，获得参考资格。而柳宗元从十七岁到二十岁曾多次申请而未获"乡贡"资格，被拒于科场之外，其主要原因是其父的"政治问题"。柳镇是一个为人正直、不畏权奸的人物。贞元四年（788），他在京城任殿中侍御史，这是执掌刑法纠察的机关御史台的属官，从七品上。次年，他参与审理故陕、虢观察使卢岳遗嘱分财产一案。原来卢岳死后，其妾裴氏有子，而卢妻分财产时不分给裴氏，裴氏上告朝廷。柳镇的朋友穆赞时任殿中侍御史，负责审理此案。而其上司御史中丞卢佋是宰相窦参的党羽，窦参当时正受德宗信重。卢佋偏袒卢妻，胁迫穆赞给原告裴氏定罪，穆赞持正不允，卢佋就诬告他接受了裴氏的贿赂，把他逮捕下狱。穆赞的弟弟穆赏上诉朝廷，依例命御史台、刑部和大理寺三司推按，御史台派出的人选是柳镇。他不顾权奸窦参的淫威，平反了这场冤狱，因此得罪了窦参。窦参当时即谋报复，但阴谋暂未得手。到了第二年，他即借故将柳镇贬为夔州（今重庆奉节东）司马。由于父亲被贬外地，窦参又正走红，地方官员慑于其淫威，不敢推荐罪人之子参加进士考试，所以柳宗元多次求荐而均未获成功。

直到贞元八年（792），权奸窦参得罪贬死，陆贽入朝为相，被贬两年的柳镇才得以沉冤昭雪，官复原职。二十岁的柳宗元才被举为"乡贡"。贞元九年（793），户部侍郎顾少连知贡举。他也是一个正直敢为、不为权势的人物，他不顾舆论压力，大力选拔"孤门寒士"。柳宗元即于这一次考中进士，同榜中进士的，就包括柳宗元的终生好友刘禹锡，而元稹也在这一年明经及第。柳宗元在《先侍御史府君神道表》中写道：当唐德宗知道柳宗元是柳镇的儿子时曾说："是故抗奸臣窦参者耶？吾知其不为子求举矣。"可见柳宗元考中进士完全是靠自己的真才实学。

就在柳宗元考中进士这年的五月，柳镇病逝于长安。按唐时的科举制度，考中进士只是取得了做官的资格，要正式授官还必须经过吏部的"铨选"。而柳宗元适逢父丧，在守丧的三年中又不能参加"铨选"，当然，也就不可能做官。于是，他就利用这三年时间，去看望在邠宁节度使府中任职的叔父柳缜。这是一次难得的远地交游，他广泛地考察了唐朝西北边地的形势，接触了老校、退卒和平民百姓，了解了当地已故循吏的事迹，加深了对社会各方面的认识。

贞元十二年（796），柳宗元服丧期满，出任秘书省校书郎，并与杨氏完婚。同年，他参加吏部的博学鸿词科考试，未中。此后两年又陆续应考，于贞元十四年（798）考中博学鸿词科，时年二十六岁，受命为集贤殿正字，主要掌管编辑出版经籍和搜集整理散佚的图书、文献资料。柳宗元从此正式步入仕途，开始了他"行乎其政""理天下"的理想征程。

未曾上任的蓝田尉

贞元十二年（796），柳宗元被吏部任用为秘书省校书郎，其职责是管理、校正国家所收藏的典籍，是个从九品的小官。贞元十四年（798），柳宗元考中博学鸿词科，被调任为集贤殿书院正字，仍为从九品，职责也与校书郎差不多。柳宗元在校书郎和集贤殿书院正字的位置上待了四五年，虽然官位不高，但有机会博览群书，广泛接触了许多京官朝臣，了解官场情况。还有一点对他来说是十分重要的，那就是他踏上了仕途捷径的第一个台阶。按照当时士子叙官的习惯，多是由进士出身，授校书郎或集贤殿书院正字，然后再出任京畿县的令或尉，再回到朝廷的台、省任郎官，这是一条快捷的升官路线图，柳宗元已踏上了这条快车道。

柳宗元在集贤殿书院正字任上三年期满之后，于贞元十七年（801）调补为京兆府蓝田（今陕西蓝田）县尉，级别是正九品下，较前升了"半级"，但更重要的是这一任命是他仕途的必由之路，因为没有县、府任职的经历，是不能做朝廷的近侍官的，所以应看作他仕途发达的又一步。蓝田是京畿县，县尉的职务是捕贼缉盗，伺察奸非。这样，柳宗元就由文吏变成了武官。不过，柳宗元只不过是空有了这个官衔，实际上他并未到蓝田去上任，去干分内应干的实际工作，而是继续留在了京城。为什么呢？

蓝田距长安约八十里路，属京兆府管辖，而当时的京兆尹是韦夏卿。这位顶头上司看重柳宗元的文才，就用其所长，将其留在京兆府处理文书事务。柳宗元没有到基层去"锻炼"，仍身处于京城官僚的生活圈子里，这对他的社会活动和思想发展来说，又是十分有益的，因为这段生活使他对当时政治的黑暗、吏治的腐败有了进一步的认识和切身的感受。

他后来回忆这段经历时说："……及为蓝田尉，留府庭，旦暮走谒于大官堂下，与卒伍无别。居曹则俗吏满前，更说买卖，商算赢缩。又二年为此，度不能去，益学《孔子》，和其光，同其尘，虽自以为得，然已得号为'轻薄人'矣。"他当时地位同于"卒伍"，周围是自私而无能的"俗吏"。他亲眼看到的是官府的不作为，而大官们却热衷于放高利贷，出租公廨田以谋私利。这样污浊的官场使他难以忍受，但他又不得不在一定限度内"和其光，同其尘"，以求随俗。即使如此，他仍不免被人攻击污蔑。

环境的颓败沉闷，官况的无聊，使他厌恶，让他产生许多思想矛盾，但这个职位也给了他深刻认识和了解官场的机会，也使他逐渐交结了一批志同道合的朋友。而这一时期，才华横溢、学识渊博、年轻有为的柳宗元，在京城社会上已经博得了相当的名声。韩愈在《柳子厚墓志铭》中形容他"俊杰廉悍，议论证据今古，出入经史百子，踔厉风发，率常屈其座人。名声大振，一时皆慕与之交。诸公要人，争欲令出我门下，交口荐誉之"。想其声望和风采，俨然是一位"超取显美"的新进朝官。

两年之后，柳宗元结束了"基层"的挂职"锻炼"，于贞元九年（803）闰十月，正式入朝为监察御史里行。监察御史是御史台的属官，"里行"是见习之意，其品阶为从八品。这个品阶不算高，但对柳宗元来说，算是又升了"半级"，而更为重要的是御史责任重大，是由皇帝亲自任命的"供奉官"。这次晋升，是柳宗元仕途上成功的又一步，他也即将进入一生政治生涯中最为辉煌的时期。

"踔厉风发"的革新者

中国古代（特别是唐宋）许多著名的文学家，就其本意来看，他们的人生追求并不是当什么文学家。他们孜孜以求的是做官从政、辅君济世、仁政爱民,文章不过是"余事"而已。柳宗元也不例外。他一生的政治追求是"以辅时及物为道""利安元元为务"。柳宗元出任监察御史里行,成为朝廷的近侍官,仕途上展现出一派光明前景。

在御史台,柳宗元与韩愈、刘禹锡同官,关系密切,结下了终身不渝的友谊。但这一时期对他影响最大的还是王叔文。王叔文是越州山阴(今浙江绍兴)人,出身低下,知晓民间疾苦,因其会下棋而被选入东宫,做太子李诵的侍棋。他在李诵身边十几年,逐渐取得了李诵的信任。唐德宗是一个贪婪、昏庸而又刚愎自用的人物。社会政治黑暗,社会矛盾尖锐,李诵对此颇为不满,力求改革。由于政治观点的接近,侍读王伾、侍棋王叔文等以太子李诵为靠山,逐渐形成了一个革新集团,又积极吸纳像刘禹锡、柳宗元这样一些年轻有才、意气风发的青年朝官,共谋大事。

此后一段时间,朝廷里革新派与保守势力之间的斗争相当激烈,而柳宗元始终站在革新派一边。柳宗元以其特殊的地位和声望,在革新派的组织和舆论宣传方面发挥了重要的作用,如他密切配合朝政所写的《时令论》《断刑论》《守道论》《六逆论》等,都成为革新斗争的舆论准备,表现了冲锋陷阵的积极进取精神。

贞元二十一年(805)正月,德宗病危,但当了二十年皇储的太子李诵已中风,不能讲话,宦官集团欲以此为借口图谋另立太子,而王叔文一派则坚持按计划拥立李诵即位。由是,朝廷内部激烈的争执立即转化为公开的权力斗争。在尖锐而微妙的斗争中,王伾入居皇宫,又联合了同情改革的宦官李忠言。德宗死,宦官勾结部分官僚,阴谋延期发表,另谋所立。而革新派的骨干之一凌准在朝堂上公开反对宦官的计划,得到了郑絪、卫次公等朝臣的支持,按时发表,使李诵顺利地即位于太极殿，是为顺宗。柳宗元亲自参加这场权力斗争。

革新派在皇位继承问题上取得了关键回合的胜利，但重病的唐顺宗已不能亲理朝政，文武百官朝见他，也只能是远远望望而已。革新派得手后，立即着手重要的人事安排：韦执谊做了宰相，王伾任散骑常侍、翰林学士，王叔文任起居舍人、翰林学士。当时朝廷不信任宰相，翰林学士为皇帝起草诏书，号称"内相"，极有实权。这样，二王和韦执谊算是把持了朝廷大权。柳宗元被任命为礼部员外郎，掌礼仪、享祀及贡举之政，正六品上。柳宗元官阶晋升了两品，更重要的是他担任了尚书省礼部的郎官，进入了革新集团的核心，得到了实现自己政治抱负的大好时机。

革新派当政后，迅速实施了一系列的改革措施，诸如废除宫市和五坊小儿；释放宫女；减裁宫廷闲员；惩办贪官污吏（如将京兆尹李实远贬通州），起用被迫害的旧臣（如陆贽、阳城、郑余庆等）；整顿税收，薄赋轻徭；抑制宦官和藩镇，加强中央集权等，赢得了部分民心。柳宗元在革新过程中的具体作用，史料未有详载，但其起草各种"中央文件"，参与集团的核心机密，其地位和作用是不言而喻的。连柳宗元自己后来都承认"于众党人中，罪状最甚"。

革新之事进行得如火如荼，但这些措施严重触犯了宦官和保守派官员的既得利益，遭到宦官和保守派官僚的联合反攻。四月六日，不赞成改革的李纯被立为太子，王叔文独有忧色，口吟杜甫咏诸葛亮的"出师未捷身先死，长使英雄泪满襟"以寄慨。王叔文被削去了翰林学士之职，失去了到翰林院议政的机会；同年六月，王叔文母亲病故，只好停官回家守丧。在革新势力明显处于不利地位、朝廷内部权力斗争形势瞬息万变的情况下，柳宗元为王叔文的母亲写下了著名的《故尚书户部侍郎王君先太夫人河间刘氏志文》，表面是称颂刘氏，实则是称颂王叔文。文章突出了王叔文在辅佐顺宗时的地位和功绩，表明其为人行事之光明正大，对其居丧去职表示惋惜，并希望他东山再起。在政治方向已明显逆转之时，柳宗元竟如此义正词严地为革新派做宣传，为革新事业辩护，表现了他极大的政治勇气和坚定的斗争性。七月，宦官和旧官僚又联合请太子"监国"。八月五日，顺宗被迫让位于太子李纯（唐宪宗）。随着最高权力的更替，革新集团就失去了最强有力的政治支持，革新集团立即遭到毁灭性的打击，为期不足半年的永贞革新遂以失败而告终。

短命的永贞革新失败了，但其作为中唐时期一次重大的政治革新运动，其经验、教训及意义都具有深远的影响；柳宗元是一个革新派的失败者，但他不愧为站在时代政治斗争前列的勇士。

不幸的婚姻生活

柳宗元的一生，文学上是成功的，政治上是失败的，而婚姻生活则是不幸的。

柳宗元十三岁时，随其父柳镇在夏口李兼幕府生活，因其才华出众，深受父亲同僚杨凭的器重，杨凭将自己九岁的女儿许给了这位"奇童"。

由于是双方父亲做主定下的娃娃亲，柳宗元和杨小姐当然还谈不上什么感情。接下来，就是柳宗元随父亲返回长安，父亲柳镇被贬官，柳宗元刚中进士，又遭父亲病故，守丧三年，直到贞元十二年（796），柳宗元服丧期满，出任秘书省校书郎，才得以和杨小姐完婚。他们二人幼年订婚，中间虽多经分隔，但婚后夫妻感情甚好。柳宗元又考中博学鸿词科，出任集贤殿书院正字，生活理应是幸福的。但杨氏素有足疾，行路不便。婚后虽曾怀孕，但未曾留下子女。就在柳宗元任集贤殿书院正字的第二年，杨氏即因足疾不幸去世，年仅二十三岁。结婚三年，她便抛下二十七岁的柳宗元而去，这使柳宗元极为悲痛，为其写下了《亡妻弘农杨氏志》一文，以示哀悼。从此以后，柳宗元再也没有正式娶妻。

柳宗元此后未正式娶妻，倒不是说明他忠于和杨氏的爱情，而是另有他因。一方面是他年轻时热衷于事业，后半生又沦落遭贬，这无疑影响了他对家庭婚姻问题的处理；另一方面，恐怕也是更主要的原因，是他受传统的门第观念束缚，未找到门当户对的女子作为正室。柳宗元不是独身主义者，他后来曾和几位女性共同生活过。

柳宗元被贬永州后，在巨大的政治挫折面前和激烈的思想斗争中，也曾有过灰心失意之时，而对无妻无子之事，尤为纠结。他在《寄许京兆孟容书》中说："茕茕孤立，未有子息。荒陬（zōu，山脚）中少士人女子，无与为婚，世亦不肯与罪大者亲昵。以是嗣续之重，不绝如缕……"在《与杨京兆凭书》中，他也毫不隐讳地向其前岳丈吐露情怀："身世孑然，无可以为家。虽甚崇宠之，孰与为荣？独恨不幸获托姻好，而早凋落，寡居十余年。尝有一男子，然无一日之命。至今无以托嗣续，恨痛常在心目。孟子称不孝有三，无后为大。今之汲汲于世者，唯惧此而已矣。天若不弃先君之德，使有嗣续，或者犹望延寿命以及大宥（yòu，指大赦），得归乡闾，立家世，则子道毕矣。"在《与李翰林建书》中，他甚至说，自己"惟欲为量移官差轻罪累，即便耕田艺麻，娶老农女为妻，生男育孙，以供力役"。由此足见，柳宗元对于娶妻生子，续柳氏烟火之事是非常重视的。他为无妻室而感到孤独，他为无子息而痛苦自责。他不是不想娶妻，而是没有合适对象：一是荒僻的永州"少士人女子"；二是即使有，也恐人家不愿嫁给他这个罪人。至于说愿"娶老农之女为妻"云云，也只是说说罢了。他是绝对不会娶一个农家女为妻的。他渴望"立家世""生男育孙"以尽人子之道，但一直苦于没有合适的对象。

在杨氏去世后，柳宗元的母亲卢氏一直跟他在一起，照料他的生活。永贞八年（805），卢氏因水土不服而逝于永州，这使柳宗元的日常生活更陷于困境。元和五年（810），柳宗元开始作"甘终为永州民"的打算，于是在冉溪上购得一块土地，构亭筑屋，过上了与农圃为邻的村居生活。也就在此时，他和一位身份较低的女子结合，并生了女儿。元和五年（810），他有一个叫和娘的女儿去世，他写下了《下殇女子墓砖记》，其中说到和娘出生在长安的善和里，可见其母应为柳宗元在长安时的侍妾，似乎未跟柳宗元到柳州来。柳宗元还有一篇《马室女雷五墓志》，其中说到雷五之姨"为妓于余"，可见这个女人也是他卜居冉溪前后和他在一起的。柳宗元去世时还留下两个儿子，大的叫周六，时年四岁；小的叫周七，为遗腹子。而这两个儿子的母亲大概是在柳州与柳宗元同居的侍妾，同样没有留下姓名。由此可知，在杨氏去世后，柳宗元身边几乎从来没有离开过女人，她们都和柳宗元生活，但又都非"士人女"，所以也都没有资格成为柳宗元的正妻。

柳宗元在杨氏去世后未再正式娶妻，这完全是囿于当时的等级、门第观念。我们虽不可苛责于他，但也只能说是"自食其果"了。好在苍天有眼，不知哪位女子给他生了两个儿子，使柳氏后继有人，香火得传，柳宗元也可以免去"不孝"之罪名而安息于九泉之下了。

十年待罪南荒

积极参与永贞革新，并作为其骨干成员发挥了重要作用，这是柳宗元一生最为重大的政治行动，是他事业的辉煌顶点，而革新的失败，则又是他前半生的总结和命运的重大转折。

唐宪宗被大宦官俱文珍等扶植上台，对革新派的镇压毫不手软。永贞元年（805）八月四日顺宗禅位于太子李纯，而六日即将王伾贬为开州司马（不久病死），将王叔文贬为渝州（今重庆市）司马（元和七年被赐死）。九日，李纯即位于宣政殿，是为宪宗，这标志着革新派的彻底失败。九月十三日，多位革新派人士一起被贬为远州刺史：韩泰抚州（今江西抚州）、韩晔池州（今安徽贵池）、柳宗元韶州（今湖南邵阳）、刘禹锡连州（今广东连县）。十一月十四日，朝议又认为对革新派的处罚太轻，于是在他们赴贬所途中，又加贬为远州司马。柳宗元得永州（今湖南永州），韩泰得虔州（今江西赣州），刘禹锡得朗州（今湖南常德）。当时被贬为州司马的共八人，这就是历史上所谓的"八司马事件"。

柳宗元初贬韶州，还只算是被贬出朝。韶州虽是偏远的下州，但州刺史仍是正四品下的地方大员，表面看比他原来的六品上的礼部员外郎还提升了，当然，实际上已是很重的处罚。按当时规矩，被贬者应"闻诏即行"。柳宗元只好带着年近七旬的老母卢氏"累郡印而南适"。同行的还有他的舅表弟卢遵和堂弟柳宗直。他们一行还未渡过长江，又接到朝廷加贬永州的诏命，这无疑是对他更为沉重的打击。初冬时节，一家人渡洞庭，溯湘江，白天寒风呼啸，傍晚阴雨绵绵，柳宗元感慨无限地写下了《惩咎赋》，对自己无罪遭谴表示愤懑和抗议。溯湘江上行不远，便到了汨罗江口，柳宗元在此驻舟凭吊屈原，写下了辞情并茂的《吊屈原文》，名为悼屈原，实则为自悼。

这一年的年末，历尽艰难的柳宗元到达永州。唐代的永州相当荒僻，下辖不过三个县，并且由于赋敛苛繁，民不聊生，州民大量逃亡，这里更成为名副其实的远离中原腹地的"南荒"。

柳宗元被贬永州的职务全称是"永州司马员外置同正员"。永州是中州，司马为正六品上，但司马本身照例只是个闲职，多由"内外文武官左转右迁者递居之"。而"员外置"即是正式编制之外安置，"同正员"即是在待遇方面同于正员。因而，柳宗元这个永州司马，既无公务可办，亦无官舍可居，只好临时寄居于潇水东岸古老的龙兴寺里。他在永州的政治处境，用他自己的话说是"俟罪非真吏"（《陪韦使君祈雨口号》），即是说，名为官吏，实则囚徒。

参加永贞革新的结果，是带给了他十年待罪南荒的贬谪生涯。

汨罗江口吊屈原

柳宗元在赴韶州刺史途中，又接到了加贬为永州司马的诏令。这对柳宗元来说，无疑是雪上加霜。他愤而写下了《惩咎赋》一文。表面看，似乎是要以自己的"咎过"为惩戒，实际上，此赋却是在为自己辩护，表白自己的忠贞正义，对自己无罪被贬表示了强烈的愤懑和抗议，充分表达了自己坚持理想和原则的决心。此文既是对自己前期政治活动的反省，也可以说是对朝廷加重处罚的回答。

柳宗元一家跨过长江，渡过洞庭湖，溯湘江而上，在一个凄风苦雨的初冬日子里，来到了汨罗江口。这里正是战国末年楚国伟大爱国诗人屈原的沉江之处。屈原热爱祖国，有远大而美好的理想追求，希望"国富强而法立"，实现由楚国统一天下的目标。他一生致力于社会改革，坚决与祸国殃民的党人群小和昏庸的楚王进行抗争，向君王强谏，最终遭谗臣构陷，被楚王"弃除"。屈原被流放江南，"被发行吟泽畔，颜色憔悴，形容枯槁"，十分落魄。他激于当时"变白为黑，倒上为下"的黑暗世道，绝望于"世溷（hùn，混乱）浊莫吾知，人心不可谓"的不平遭际，他不愿在"举世混浊""众人皆醉"的社会中"以身之察察（清白）受物之汶汶（玷污）"，"于是怀石遂自投汨罗以死"。柳宗元虽生于屈原之后千年，但时局之黑暗、是非之颠倒、忠奸之错位，以及朝廷之昏聩腐败，与屈原的时代何其相似！屈原一生献身于社会改革事业，九死不悔地追求理想，不懈斗争，最后忠而遭谤被弃，不惜殉之以生命，这又与柳宗元的半生经历何其相似！现在来到屈原愤然投江之处，柳宗元自然百感交集，于是他即停船于此，凭吊屈原，并写下了《吊屈原文》这篇名作。

文中赞美屈原"惟道是就""服道以守义"，肯定屈原为道义而坚贞不屈、义无反顾、以死殉国的伟大精神。文中赞美屈原的文学成就："先生之貌不可得兮，犹仿佛其文章……耀姱辞（华美的文辞）之曨（tǎng）朗（指含义深奥）兮，世果以是之为狂。哀余衷之坎坎兮，独蕴愤而增伤。"屈原的优秀文学成就，更使柳宗元引为知己。文章的最后说："吾哀今之为仕兮，庸有虑时之否臧（好坏）？食君之禄畏不厚兮，悼得位之不昌。退（退出朝廷，不仕）自服（自守）以默默兮，曰吾言之不行。既媮风（苟安的风气）之不可去兮，怀先生之可忘？"直接指责士风与世风之堕落，深慨自己道之不行。通过追忆屈原的风采，表达了自己无限向往之意。此文借悼屈原以自悼，慨叹怨愤之情，溢于言表。

当然，十年后，柳宗元再过此地，情形就大不相同了。元和十年（815），朝廷降诏，召"八司马"中仍在世的人返京，柳宗元得此诏书，大喜过望，怀着苏武归汉一样的喜悦心情踏上返京之路。一路上豪兴大发，写下了不少诗。路过汨罗江口，旧地重游，心境却和写《吊屈原文》时大不相同，遂写下了《汨罗遇风》一诗："南来不作楚臣悲，重入修门自有期。为报春风汨罗道，莫将波浪枉明时。"当年屈原忠君，但君门九重，他终不得其门而入，最终冤死于汨罗江。而此时的柳宗元，则是诏命催征程，前途有希望。重新被起用的幻想，使他仿佛又有了生逢圣世之感，不必再作"楚臣"之悲了。真可谓此一时也，彼一时也。

寄居龙兴古寺

中唐时期的永州，确是一块荒蛮之地。柳宗元在《与李翰林建书》中曾有过这样的描述："永州于楚为最南，状与越相类。仆闷即出游，游复多恐。涉野有蝮虺（huì，一种毒蛇）、大蜂，仰空视地，寸步劳倦。近水即畏射工、沙虱，含怒窃发，中人形影，动成疮痏（wěi，伤口）。"环境如此恶劣，而他到永州来做司马，不仅没有宾馆接待，而且连栖身之所也没有。万般无奈之中，他们一家只好暂时寄寓龙兴古寺中。

唐代的佛寺，有接纳客人寓居的习俗。这龙兴寺位于永州潇水东岸，相传此处原为三国时名将蒋琬的住宅，吴军司马吕蒙也曾在此住过，后来改成了寺院。由于年代久远，此寺已经相当荒凉破旧。柳宗元初来之时，寺内是"凫（fú，野鸭）鹤戏于中庭，蒹葭生于堂庭"；寺外则是丛林乱石，人迹罕至。柳宗元所住的西厢房，原来只是北面有窗，光线暗弱，潮湿闷热。他又在西墙上开了一个窗户，环境才稍有改善。此寺建在高处，远眺则可见西山和湘江之景，亦可一抒胸中之郁闷。

柳宗元能安心在佛寺住下来的另一原因，可以说是他的佛缘。柳宗元家世习佛，他母亲信佛，他自己也早就倾心于佛说。在《送巽上人赴中丞叔父召序》中，他曾说："吾自幼好佛，求其道，积三十年。"可见他从幼年起，即已开始求佛了。在长安时，他就结识了浮屠文畅。龙兴寺的住持重巽是天台宗的和尚，学养和道行都有相当的水平。柳宗元居此，与他一起问道参禅，不但加深了对佛理的理解，而且得到了心灵上的安慰。

柳宗元在永州居佛寺达四五年之久，这一方面说明他这个"员外"的永州司马不仅是个"闲员"，而且是个"罪犯"；而另一方面也说明他遭到严重政治打击，身家沦落之时，需要佛教的解脱意识替他抚平心灵的创伤。他居住在佛寺中，与僧人朝夕相处，既有大量的闲暇时间研习佛教经典，又有重巽这样的高僧传授天台宗教义，还交结了"石门长老"觉照、琛上人等，以致后来柳宗元被列入天台宗重巽的俗弟子。后来龙兴寺重修净土堂，柳宗元也出资修了回廊，并写下了《永州龙兴寺修净土院记》和《净土堂》诗。

由于柳宗元对佛教的信仰和表现出的热情，也使他的家庭更充满了佛教气氛。除了他母亲笃信佛教外，他的女儿和娘也是一个佛教的痴迷者。元和五年（810），十岁的和娘得重病后，更名为"佛婢"；后又去发为尼，法号"初心"，死后柳宗元专门为其写了《下殇女子墓砖记》，对她加以表扬。

可以说，永州的特殊生存状态，使柳宗元与佛教更结下了不解之缘，也使他更加完善了自己"统合儒释"的思想。

定居愚溪

柳宗元被贬永州，作为"闲员"而被迫退出了他曾多年热衷的政治活动，但他始终怀抱着很快就能复出的强烈愿望，根本没有久居永州之打算。然而朝廷在元和元年（806）一年之中，连发三次诏命，一再重申：八司马不仅不在宽赦之列，而且连"量移"（酌情移至距京城较近的地方）也不许。柳宗元虽也知道在涉及帝位问题上他很难得到宪宗的谅解，革新派在朝廷树敌不少，贬谪仍"不能塞众人之怒"，自己重新被起用是十分困难的，但他还是为能早日再被起用做了很大的努力，比如他曾给京兆尹许孟容、右补阙萧俛（fǔ）、翰林学士李建、湖南观察使（他的前岳父）杨凭、东川节度使严砺、荆南节度使赵宗儒、岭南节度使赵昌等上书，表白自己的心迹，表达自己急于用世、希求援引的伤感之情和乞援之意，但都没有收到预期的效果。他寄居龙兴寺和法华寺西亭，"五年之间，四为大火所迫"，多次陷于困境。四五年过去后，他深感复起无望，才不得不作出久居永州之计。元和五年（810），他在潇水西边支流冉溪上购买了一块土地，疏泉凿池，建造了住宅，过上了与农圃为邻的村居生活。

潇水是湘江的支流，冉溪是潇水的支流，因冉氏尝居此，故名冉溪，或曰此溪可以染东西，故又称染溪。柳宗元在其溪二三里处定居，很爱这条小溪，但这条小溪"其流甚下，不可以灌溉；又峻急，多砥石，大舟不可入也；幽邃浅狭，蛟龙不屑，不能兴云雨，无利于世"，正好和"遭有道，而违于理，悖于事"的愚者柳宗元相类似，于是就将冉溪改名为愚溪。

不仅如此，柳宗元又在愚溪上买了个小丘，名愚丘；在丘东北买泉，名愚泉；泉水屈曲南流，名愚沟；负土累石为池，名愚池；池东为愚堂，池南为愚亭，池中为愚岛，合计八"愚"。柳宗元为每处题诗一首，称《八愚诗》，可惜《八愚诗》今天散佚不存，唯诗前的《愚溪诗序》尚在。

诗序描绘了愚溪及其周围的山水景物，叙述了自己改冉溪为愚溪的原因，并以愚溪自喻，以愚溪"善鉴万类，清莹秀澈，锵鸣金石"来表现自己清白高洁的人品和"不合于俗"的性格，抒发了自己无辜被贬、怀才不遇的愤慨之情。

定居愚溪，是柳宗元贬谪生活的一个转折：他由切盼复出转为对复出彻底绝望；他由权宜之计转为长远打算，准备"甘终为永州民"，老死于永州。因此，他的心境逐渐平定下来，生活也逐渐安定下来，虽未正式再娶，但家中也有了主妇，他从此开始了几年较为平静的田园生活，也为他在理论上、文学上取得新成就提供了基本的生活条件。

自肆山水撰妙文

被贬永州，是柳宗元在政治上遭受到的最沉重的打击，是其人生道路的一大转折，也是其创作道路上的一个根本变化。由于远离了政治斗争，"司马"又是一个无公可办的"闲员"，这在客观上为他致力于文学创作提供了可能。韩愈在《柳子厚墓志铭》一文中说："居闲，益自刻苦，务记览，为词章，泛滥停蓄，为深博无涯涘，而自肆于山水间。"《新唐书·柳宗元传》也说："既窜斥，地又荒疠，故自放山泽间，其堙厄感郁，一寓诸文。"柳宗元自己在讲到其创作经历时也说："宗元自小学为文章，中间幸联得甲乙科第，至尚书郎，专百官章奏，然未能究知为文之道。自贬官来无事，读百家书，上下驰骋，乃少得知文章利病。"（《与杨京兆凭书》）

永州十年，是柳宗元政治上的低谷，但同时，也是其文学创作成就最为辉煌的时期。这一时期，他的政论、寓言、骚体文赋等都成就卓著，而最为人们乐道的，当属他的山水游记。

自然界是人类生活的环境，人与自然山水的关系从来就密不可分。我国的山水散文，可以上溯到《尚书·禹贡》《史记·河渠书》和《汉书·沟洫志》等，但其多记兴修水利之事，且质木无文，算不得真正的山水散文。东汉马第伯的《封禅仪记》、晋宋贵族文人的放情山水文字，如庐山诸道人的《游石门诗序》、陶渊明的《游斜川诗序》、谢灵运的《游名山志》、鲍照的《登大雷岸与妹书》等，都不乏精彩的景物描写，是精美的山水散文，但多不是专记自己的游历，还不是真正意义上的游记。北朝郦道元不愧为描绘自然山水的高手，但其《水经注》一书，主要还是一部地理志，文中对山水的描写仍处于附庸地位，其用意仍在图写山川，并不在于记个人之游，亦只可看作山水游记一体之滥觞。至唐代元结，其被贬道州之后所写《右溪记》，可视为专事记游之作。但元结此类作品数量极少，成就有限，影响不大，可视为柳宗元山水游记之先声。真正继承和发展山水散文的优良传统，真正把自然山水作为文学作品描绘和欣赏的主要对象，把山水之美和个人的主观之情融为一体，记个人之游乐，表达个人对自然美的切身感受，开创出具有独立意义的山水游记一体的，始于柳宗元。

柳宗元的山水游记有二十篇左右，大部分写于永州。其中最为人们称道的是其"永州八记"（《始得西山宴游记》《钴鉧潭记》《钴鉧潭西小丘记》《至小丘西小石潭记》《袁家渴记》《石渠记》《石涧记》《小石城山记》）和《游黄溪记》。

永州虽极为荒僻，但佳山丽水，触处皆是；柳宗元虽是官吏，但有的是闲暇时间。柳宗元在其《始得西山宴游记》中，曾对其寻幽探胜的生活有过具体描述："自余为僇人（罪人），居是州，恒惴栗（忧惧不安）。其隙也，则施施而行，漫漫而游。日与其徒上高山，入深林，穷回溪，幽泉怪石，无远不到。到则披草而坐，倾壶而醉。醉则更相枕以卧，卧而梦。意有所极，梦亦同趣。觉而起，起而归。以为凡是州之山水有异态者，皆我有也。"这种自然山水和生活条件，对柳宗元写山水游记真可谓得天独厚。无怪乎明人茅坤说，柳宗元"与山水两相遭，非子厚之困日久,不能以搜岩穴之奇;非岩穴之怪且幽,亦无以发子厚之文"(《唐宋八大家文钞·柳柳州文钞》卷七)。永州之绝妙山水和柳宗元之"堙厄感郁"是成就柳宗元山水游记不可或缺的条件。

柳宗元在其《愚溪诗序》中说:"余虽不合于俗,亦颇以文墨自慰。"可见,他"自肆于山水间",写游记,主要目的是"自我安慰"。一方面他希望在美好的大自然中解脱自己的孤寂、抑郁和苦闷,以求"暂得一笑"之乐;另一方面,也用诱人的自然山水之美反衬现实社会之污浊黑暗,曲折表达对美好人生理想的追求和对丑恶现实的否定,于貌似旷达之中,抒发愤世嫉俗之情,所以金圣叹赞其文"笔笔眼前小景,笔笔天外奇情"(《古文评注补正》卷三)。

当然,柳宗元的游记被世人赞誉、传诵的主要原因,还在于他卓越的艺术独创性。他能用自己"漱涤万物,牢笼百态"的神来之笔,精确地描绘出各处山水景物中最为奇妙动人之处,远近结合、动静结合、虚实结合,加之比喻、拟人等手法,不但艺术地再现了山水的自然美,展现其活跃的生命力,而且使山水景物性格化。他笔下的山水已不是纯客观的自然存在。他处处以山水自喻,山水的情态、山水的遭遇,都隐然可以看到作者自己的影子。愚溪的清莹秀澈而无利于世,西山之高大特出,"不与培(péi)塿(lǒu)为类",小丘之景色独绝而被弃,小石城山之"更千百年不得一售其技",都处处透露出柳宗元个人的思想、性格、人品及遭际。

柳宗元以其缜密的构思和优美而不华靡的语言,为人们留下了不可多得的游记精品。这些佳作,像一幅幅色彩绚丽的风景画,像一首首深情动人的抒情诗,极富诗情画意,为后世游记文学的发展树立了典范,后人称其为"游记之祖",不为虚誉。

长歌之哀过痛哭

柳宗元到永州不足半年,其母卢氏因水土不服和医护不周,不幸病逝于龙兴寺。政治上的打击、精神上的压力、环境的恶劣、物质的匮乏,严重摧残着他的健康。在永州只过了三四年,他已经"百病所集,痞结伏积,不食自饱"。"每闻人大言,则蹶气震怖,抚心按胆,不能自止。""神志荒耗,前后遗忘"。看来,他的消化系统和心脑血管系统都已出现了问题。一时,陷入了身心交瘁的地步。

这时的柳宗元,思想常处于激烈的矛盾斗争中。在巨大的挫折面前,他确曾有过灰心失意之时,产生过消极情绪,但作为政治家的柳宗元,又始终怀抱着坚定的自信,执着于自己的理想。他曾表示:"苟守先圣之道,由大中以出,虽万受摈弃,不更乎其内。""苟道直,虽死不可回也。"在艰难的环境中,他的志向更加坚定。他凭借着深厚的素养,坚定了他积极进取的人生态度。他不以个人的疾病和精神上的痛苦为意,从未表现出悲伤可怜之状,更未表现出退缩和屈服。这一时期,他不但写下了许多论文,阐述自己的政治、哲学思想,发表了对社会上一系列重大问题的见解,而且还利用文学作品揭露社会弊端,抨击和揭露自己的政敌。此外,还在他的游记中表现了自己的游山玩水之乐,如《始得西山宴游记》中的"悠悠乎与灏气俱,而莫得其涯;洋洋乎与造物者游,而不知其所穷""心凝形释,与万化冥合";《钴鉧潭西小丘记》中的"枕席而卧,则清泠之状与目谋,潜潜之声与耳谋,悠然而虚者与神谋,渊然而静者与心谋",都显得那么自由、超脱和无累于心。

此时,有人从京城来到永州,与柳宗元见面后,对柳宗元说:我听说你被贬至此，我正要宽慰你，现在看到你的浩然之貌，知道你是通达之人，我没有什么好宽慰的了，而改为对你的祝贺。针对这一情况，柳宗元写下了《对贺者》一文。

柳宗元对贺者说：你以貌看我，是可以的，但我岂是无志之人？我罪大，皇上宽大我，我被贬于此，已是很幸运了，又为什么要表现出悲戚的样子呢？我如今上不能自列于朝廷，下不能奉祀宗庙。我之所以"苟生幸存"，是希望家族烟火"续之不废"，因此我有意放荡自己的心志，不拘束自己的行为，所以会有如今的外貌。你真的认为我浩然旷达而祝贺我，我哪敢承受呢？"嬉笑之怒，甚乎裂眦，长歌之哀，过于恸哭。庸讵知吾之浩浩，非戚戚之尤者乎？子休矣。"最后是对祝贺者提出批评：祝贺者只看表象，而未看到实质，不知柳宗元貌似浩然旷达，实为特别痛苦的表现方式。

柳宗元这篇《对贺者》的意义，不仅是指出贺者的肤浅，更重要的是给读者读柳文和深刻认识柳宗元其人提供了极为重要的启示。我们读他的游记，景色是那么迷人，作者是那样陶醉和忘我，我们千万不要以为他真的是"乐居夷而忘故土"了，这只不过是他借以麻醉自己、掩盖自己内心更深隐的痛苦的一种特殊表达方式。历来的文学作品，都有"以乐景写哀情"的笔法，其效果是"一倍增其哀乐"。用此法来理解柳文和认识柳宗元，也大体不会错。用嬉笑的方式表达自己的愤怒，远比吹胡子瞪眼更能表达自己的愤怒；用放声长歌的方式表达自己的哀伤，远比痛哭流涕更能表达自己的哀伤。柳文中的美好景物、自己的愉悦和忘情，以及貌似浩然旷达，都可以说是他的"嬉笑之怒"和"长歌之哀"。

反对割据论"封建"

《封建论》是柳宗元最重要的一篇政论文，写于被贬永州期间。

何为"封建"？封建，是我国历史上一种政治体制，即"封侯建土"的政治体制。商、周时期，实行"封国土，建诸侯"的分封制。这一制度直接导致了春秋战国时代的分裂和动乱。秦灭六国，统一中国后，废除了"封建"制，设立了"郡县"制，但秦又因暴虐而迅速亡国，所以在秦亡之后，关于封建制和郡县制孰优孰劣的争论，一直持续到中唐时期。

在郡县制已经牢固树立起来之后，各代封建王朝都或多或少地保存了封建制的残余，汉代如此，唐代也不例外。如唐初，萧瑀和颜师古等人就提出了分封的问题，虽遭魏徵、李百药等人反对，但为了维护某些贵族的特权，唐太宗还是采纳了这一办法，分封了二十一位王子和十四位大臣为世袭的都督和刺史。这虽是相当淡化了的分封制，却为藩镇割据留下了祸患。安史之乱本身就是藩镇割据势力恶性膨胀的结果，但唐玄宗仍试图用分封诸王的办法来挽救危局，结果引起皇室争权的武装冲突，险些造成朝廷内部的分裂。唐代宗平定安史之乱后，姑息安、史降将，又形成了以"河北三镇"和淮西为代表的藩镇割据局面。他们又在大搞独立王国，搞父子相传的世袭制。与这种藩镇割据政治局面相呼应的是分封制的谬论又开始抬头，替封建割据势力张目。那些企图通过分封的办法来达到王朝长治久安的人是迂腐的、不达时变的，而那些藩镇们则利用此理论来证明自己搞分裂割据的合理性。在这种情势下，重新讨论分封制和郡县制的优劣，就不仅仅是个理论问题，而首先是个关系到国家统一还是分裂的重大政治问题。柳宗元虽远离了政治中心，但出于一位杰出政治家的社会责任，他还是积极参与了这一场极具现实意义的论争，写下了《封建论》这篇杰作。

文章首先描述了人类从原始社会进入文明社会的发展历史，指出历史是不断前进和演化的。原始社会并非"天下为公"的"大同"世界，也非"小国寡民"的理想社会。人类在维护生存的斗争中逐步走向文明，起决定作用的既不是"天命"，也不是"圣人"，而是客观形势发展的必然。商、周实行"封建"制，"非圣人意也，势也"。而同样，秦统一天下，实行郡县制，也是"势也"，并非某些个人意志的产物；秦之所以速亡，"咎在人怨，非郡邑之制失也"。即是说秦亡在于统治者失政，而非郡县制的过失。他认为：周代"失在于制，不在于政"，而秦"失在于政，不在于制"。

接着，文章又以大量的篇幅，抓住"公"与"私"这个焦点问题，以无可辩驳的事实来总结政体变化的历史经验。历来赞扬封建制、反对郡县制的人有一个重要的口实，就是把"封建制"美化成"天下为公"的制度，而攻击"郡县制"为"家天下"，进而把郡县制度下所产生的一切弊端都归之于这一制度的本身。柳宗元用具体史实论证了殷、周之不革除封建制，是出于"不得已"；而秦朝革除封建制，实行郡县制，同样是出于"不得已"。他尖锐地指出："（殷周）夫不得已，非公之大者也。私其力于己也，私其卫于子孙也。秦之所以革之者，其为制，公之大者，其情私也。私其一己之威也，私其尽畜于我也。然而公天下之端自秦始。"

柳宗元分析了周、秦、汉、唐四个主要历史朝代的情况，深刻地指出了"政"与"制"是两个不同的范畴，各个朝代政治上的得失和制度本身的优劣并非一回事，雄辩地论证了郡县制的巨大优越性，肯定了郡县制取代封建制是历史之必然，任何人也无力改变这一历史发展的大趋势。这就有力地捍卫了郡县制的合理性，批驳了鼓吹封建制的种种谬论，给中唐的割据势力和为割据势力张目者以沉重的打击，表现了柳宗元反对分裂割据、维护中央集权的政治态度，具有极大的进步性和现实意义。

柳宗元的《封建论》是历史上关于分封制和郡县制问题长期争论的一个理论总结。宋代苏轼评此文说："昔之论封建者，曹元首、陆机、柳颂，及唐太宗时魏徵、李百药、颜师古，其后则刘秩、杜佑、柳宗元。宗元之论出，而诸子之论废矣。虽圣人复起，不能易也。"（《东坡志林》卷五《秦废封建》）清人孙琮评此文曰："识透古今，眼空百世。"（《山晓阁选唐大家柳柳州全集》评语卷二）这是对柳宗元杰出理论贡献的高度评价。历史和现实一再证明：分裂割据是倒退的，是没有前途的，是违背历史发展规律和人民意愿的。柳宗元的观点至今仍具有鲜活的生命力。我们从中也可更深刻地感受到他作为思想家的伟大。

巧用寓言刺政敌

寓言，作为一种文体，其主要特点是通过讲一个带有劝谕性或讽刺性的故事，说明一种事理，多用以此喻彼、以古喻今、以小喻大等手法，让读者从故事中去领悟事理。

柳宗元被贬永州，一方面，他孤寂、苦闷，甚至产生了某种消极情绪；但另一方面，作为一个政治家和思想家，他并没有放弃自己的政治理想，没有放弃对社会现实的关注，当然，也没有忘掉仍想置他于死地的政敌。柳宗元对自己的政敌有深刻的认识。他内心充满了愤怒、反抗和斗争的激情，他要揭露政敌，要劝谕人们认识这些人的无能和丑恶。

但他更清楚地知道，自己所处政治环境之险恶，不允许他指名道姓地去进行揭露和讽刺。在这一特定情况下，寓言就成为他进行政治斗争的一种有力武器。

柳宗元写寓言，有着非常明确的目的性。他在《三戒》的小序中说："吾恒恶世之人不知推己之本，而乘物以逞。或依势以干非其类，出技以怒强，窃时以肆暴，然卒迨于祸。有客谈麋、驴、鼠三物，似其事，作《三戒》。"这就明白无误地告诉读者，他所写寓言，都是干预时事的，《三戒》如此，其他亦如此。

《三戒》由三篇短文组成，《临江之麋》写麋因得主人宠爱而忘乎所以，认犬为友，终被外犬"共杀食之，狼藉道上"，但"麋至死不悟"，借以讽刺那些依仗主子宠爱而得意忘形的人物；《黔之驴》写黔驴徒为庞然大物，技止于鸣叫和"蹄之"，而最终被老虎"断其喉，尽其肉"，借以讽刺那些表面上声势显赫，实际上既缺德又无能的外强中干式的人物；《永某氏之鼠》写老鼠因主人爱鼠而活动猖獗，新主人来后仍"为态如故"，终被新主人多管齐下，"杀鼠如丘"，借以讽刺和抨击那些钻空子肆无忌惮的家伙，同时也把矛头指向纵鼠为患的房主人。《三戒》中所讽刺、抨击的对象，可以说都是现实官场中某些官吏的形象，作者都让他们遭到杀身之祸，隐含着作者对这些阴类恶物的辛辣讽刺和切齿痛恨。

《蝜蝂传》是他的又一篇名作。文章叙写这种善负重的小虫，性贪婪，喜爬高，而最终"坠地死"的故事，借以讽刺社会上那种"遇货不避"、贪得无厌、日思"高其位，大其禄"、不择手段向上爬的无行官吏，并指出他们"虽其形魁然大者也，其名人也，而智则小虫也"，必然招致灭亡的下场。《罴说》是一篇短文，写一个没有真实本领，只靠"能吹竹为百兽之音"的小技和懂得几种动物之间的制约关系，就企图诱猎野兽的猎人，最终被罴吃掉的故事，借以讽刺那些不图自强，只靠外力的人，实际上是指责和讽刺当时的朝廷"不善内而恃外"，对藩镇采取"以藩制藩""以夷制夷"的错误策略，警告朝廷如此下去，必然会祸及己身。《鞭贾》写一个厚颜无耻、谎言欺世的商人和愚妄无知而又自以为是的贵公子，实际上是借以揭露那些专靠狡诈而巧取名利的腐败官僚和那些上当受骗而重用他们的大人物。

可见，柳宗元写寓言并非为了编故事以自娱，而是有着鲜明的政治意图。他的每篇寓言都是有为而发的。他以政治家的敏锐眼光和卓越见识，选取富有社会意义的典型事物，透过现象，抓住本质，把极其深厚的社会生活内容带入寓言之中，使高度的哲理性和强烈的政治性有机融合，具有强烈的现实性和战斗性，既痛击了自己的政敌，又使其政敌难于找到借口加罪于己，充分体现了作者睿智的斗争策略。

再返京城

定居愚溪之后，柳宗元度过了几年较为平静的田园生活。他虽被贬谪，但仍是"官吏"，家中仍有"役夫"和"女隶"。加上他又和一女子结合，有了主妇，"家"也似乎像个家了。他曾写下《溪居》一诗，描绘自己的生活状况："久为簪组（做官）累，幸此南夷谪。闲依农圃邻，偶似山林客。晓耕翻露草，夜榜响溪石。来往不逢人，长歌楚天碧。"闲适的田园生活，使他有了一种摆脱"尘网"、闲居山林当隐士的感觉。他甚至觉得这未尝不是一种幸运，但他终不能"甘终为永州民"。他的济世热情，仍在心灵深处激荡；政治理想虽化为泡影，但渴望重被起用，一展身手，干一番大事业的雄心，一刻也不曾泯灭。元和五六年后，他曾先后致书淮南节度使李吉甫、山南东道节度使李夷简、荆南节度使严绶、四川节度使武元衡、岭南节度使郑䌷等，其目的仍是求助，然而这一切并未能改变他的处境。

岁月迁延，到了他在永州的第十个年头，他的身体状况进一步恶化，精神也似乎耗尽，看到曾经被他描写得那么美好的永州的山峦，觉得自己好像被囚禁于其中，遂写下了《囚山赋》一文："匪兕（sì，雌犀牛）吾为柙（xiá，关野兽的笼子）兮，匪豕（shǐ，猪）吾为牢。积十年莫吾省者兮，增蔽吾以蓬蒿。圣日以理兮，贤日以进，谁使吾山之囚吾兮滔滔。"昔日美好的永州群山，变成了囚禁自己的牢笼，隐含无限的感慨和悲痛。他似乎真的感到山穷永尽，对前途彻底失望了。

但事实上，又似乎是天无绝人之路。唐宪宗即位之初，较有作为，整顿朝政，镇压藩镇，政局比较安定，经济上也有了一些积累，整个国家出现了"中兴"的迹象，而朝廷对"八司马"的态度也出现了松动。如元和八年（813），朝议曾打算以刘禹锡等人为远州刺史，逐渐被起用。后虽遭宰相武元衡的阻止而未能实现，但毕竟是一个好的兆头。果然，不久，天上掉馅饼的事发生了。

元和九年（814）十二月，朝廷发布诏令："王叔文之党坐谪官者，凡十年不量移，执政有怜其才欲渐进之者，悉召至京师。"（《资治通鉴》卷二三九）这无疑是朝廷根据形势需要而征召人才的一项措施，但对柳宗元等人来说，真可谓"久旱逢甘霖"，他们大喜过望。诏书到达永州，应是在元和十年（815）的一月间，柳宗元一时悲喜交加，写下了《朗州窦常员外寄刘二十八诗见促行骑走笔酬赠》一诗："投荒垂一纪（十二年为一纪），新诏下荆扉。疑比庄周梦，情如苏武归。"真实地表达了他接到诏书时那种如梦如幻、极度喜悦的心情。就这样，柳宗元结束了他十年"待罪南荒"的生活，怀着苏武归汉一样的"凯旋"之心动身前往他魂牵梦萦的京城长安。

柳宗元行程急速，只用了一个月左右的时间就回到阔别已久的长安，来到灞上，他兴奋不已，遂写下《诏追赴都二月至灞亭上》一诗："十一年前南渡客，四千里外北归人。诏书许逐阳和至，驿路开花处处新。"暂放下"十一年""四千里"的磨难与悲伤，喜悦之情不可抑制，似乎路边的春光和鲜花也都在迎接自己。

柳宗元以洗雪沉冤的胜利者的姿态回到京城，满怀着"复起为人"、大展宏图的渴望，但是，他太天真了！当时，朝廷确实需要有德有才的人才，朝中也确实有人主张起用永贞革新中的有识之士。但朝廷中多数当权派仍对这些革新派人物心存疑惧，竭力主张压制他们，特别是唐宪宗和宰相武元衡，对他们仍旧恨未消，而"八司马"中的柳宗元、刘禹锡、韩泰、韩晔、陈谏等人，不但都无悔过自新的表示，而且多以胜利者的姿态出现在朝廷，这使他们深感不快。也正在此时，刘禹锡又写下了《元和十年自朗州承召至京戏赠看花诸君子》一诗："紫陌红尘拂面来，无人不道看花回。玄都观里桃千树，尽是刘郎去后栽。"诗以桃花为喻，说现在的朝中新贵，都是在镇压了永贞革新之后爬上台的。辛辣的嘲讽，颇使执政者不悦。这虽只是一个个案，但无疑进一步加深了执政者对革新派的猜忌。于是，在他们返京后不到一个月的时间，一次新的任命又把他们统统逐出了京城。表面上看，他们都由州司马升任为州刺史，但贬斥的地方更加偏远了：韩泰得漳州（今福建漳浦），韩晔得汀州（今福建上杭北），刘禹锡得播州（今贵州遵义），陈谏得封州（今广东郁南北），而柳宗元得柳州（今广西柳州）。

可以说，柳宗元期待十年的这次工作调动，还没有来得及真正高兴起来，黄粱美梦已经破灭了。

以柳易播

元和十年（815）三月十四日，朝廷发布诏令，将被召回京的"八司马"中的刘禹锡、柳宗元等人贬为远州刺史，这是最高统治集团对革新派敌视和无情打击的又一体现。大概因为柳宗元和刘禹锡是革新集团中的核心成员，又因刘禹锡写诗讽刺当权派的桀骜不驯的态度，所以将刘禹锡贬为播州（今贵州遵义）刺史。当时的播州特别荒远，而刘禹锡又有八旬老母和他一起生活，使刘禹锡面临着两难的选择：带老母同去播州，路途遥远，道路崎岖，颠簸数千里，将会九死一生；不带老母去播州，那么其母子之别将是永诀。

柳宗元深深理解刘禹锡的艰难处境，哭泣着说："播州非人所居，而梦得亲在堂，吾不忍梦得之穷，无辞以白其大人；且万无母子俱往理。"（韩愈《柳子厚墓志铭》）自己虽被贬偏远的柳州，但柳州毕竟比播州好一些，出于对刘禹锡的深厚情谊，柳宗元准备冒风险向朝廷上疏，请求以自己的柳州换刘禹锡的播州，并表示：即使因此"重得罪，死不恨"。也就在此时，时任御史中丞的裴度也深以为此任命不妥，于是向宪宗上奏章："禹锡诚有罪，然母老，其子为死别，良可伤。"由于裴度的从中调停，朝廷才收回成命，将刘禹锡改为连州（今广东连县）刺史。

柳宗元以柳易播之事最终虽未实施，但他的高风亮节却得到时人和后人的高度赞赏。韩愈在《柳子厚墓志铭》一文中言及此事，慷慨激昂地写道："呜呼！士穷乃见节义。今夫平居里巷相慕悦，酒食游戏相征逐，诩诩强笑语以相取下，握手出肺肝相示，指天日涕泣，誓生死不相背负，真若可信；一旦临小利害，仅如毛发比，翻眼若不相识。落陷阱，不一引手救，反挤之，又下石焉者，皆是也。此宜禽兽夷狄所不忍为，而其人自视以为得计。闻子厚之风，亦可以稍愧矣！"韩愈形象而深刻地揭露了世俗小人的交友之道：平日无事，互相虚伪应付，好话说尽；而到关键时刻，翻脸不认人，落井下石，不择手段，以此更反衬出柳宗元重友情、有节操的高尚品德。

后世评说韩愈《柳子厚墓志铭》一文者，多涉及这段文字，如林云铭曰："昌黎与子厚，千古知己……中段一叙政绩，一叙友谊，而子厚人品卓然可见。"（《韩文起》评语卷十二）蔡世远曰："中叙朋友一节，尤能使浇薄佻负一种人，缩首流汗，其有关于世道人心者甚大。"（《古文雅正》评论卷八）曾国藩曰："'今夫平居里巷相慕悦'节，此段为俗子剿袭烂矣，然光气终自不减。"（《求阙斋读书录》卷八《韩昌黎集》）郭预衡先生曰："'呜呼！士穷乃见节义……亦可以稍愧矣！'这是深有感慨之言，心有郁积，所以遇事即发。韩愈为人笃于朋友，故涉及友情，便有这样的议论。"（《中国散文史》）这些话，都是赞扬韩文的，但又何尝不是赞扬柳宗元的高风亮节！

为政柳州

柳宗元于元和十年（815）三月十四日被任命为柳州刺史，中间因刘禹锡被贬播州事，他曾拟上疏"以柳易播"，后由裴度调停，刘禹锡改刺连州。刘禹锡官定之后，刘、柳便同行上路，奔赴岭南。柳宗元踏上十年前被贬和此次返京的旧路，心情的惨淡是不言而喻的。朝廷和当权者的猜忌和敌意，使他复起的希望彻底破灭，加之家境凄凉，健康状况恶化，前途不容乐观。但由于有刘禹锡同行，也多获友情和宽慰。他过商州（今陕西省商县），写下《商山临路有孤松，往来斫以为明，好事者怜之，编竹成援，遂其生植，感而赋诗》一诗："孤松停翠盖，托根临广路。不以险自防，遂为明所误。幸逢仁惠意，重此藩篱护。犹有半心存，时将承雨露。"借咏路旁孤松，一方面慨叹自己防身无术，同时也感慨自己为聪明所误，最后表达了自己只能寄希望于当权者的"仁惠意"了。行至长沙，这是他三十年前少年时曾随父游历过的地方。旧地重游，感慨系之，遂赋《长沙驿前南楼感旧》一诗："海鸥一为别，存亡三十秋。今来数行泪，独上驿南楼。"在衡阳和刘禹锡依依惜别之后，他又转向东南，沿水路直奔柳州。

柳宗元到达柳州的时间是六月二十七日。柳州当时属桂管经略使管辖，统领马平、龙城、洛容、洛封、象县五个县，是个人烟稀少、经济落后、社会极不安定的荒蛮之地。柳宗元曾写下《寄韦珩》一诗，描述当时柳州的自然环境和社会风貌："……桂州西南又千里，漓水斗石麻兰高。阴森野葛交蔽日，悬蛇结虺如葡萄。到官数宿贼满野，缚壮杀老啼且号。饥行夜坐设方略，笼铜枹（fú）鼓手所操。奇疮钉骨状如箭，鬼手脱命争纤毫……"他到柳州后，先患上了"奇疮"，几乎丧命，继发伤寒，健康大受损伤。刚刚四十四岁，已是苍颜白发之人了。面对巨大的政治压力、险恶的自然环境和身体的每况愈下，柳宗元那种以改革社会为己任的战斗精神无疑是大大减弱了。但柳宗元毕竟不是一个无所作为的俗吏。他那"利安元元"的志向、不甘寂寞的个性和作为一州之长的使命感，使他决心在自己力所能及的范围内努力去实现经世济民的理想。因此，他到柳州后，说出了"是岂不足为政耶"的壮语。柳州虽然地僻人稀，毒蛇遍野，疾疫流行，社会动荡，但它毕竟是朝廷的一方土地，这里生活着灾难深重的各族人民，他决心在这里脚踏实地干一番事业，为官一任，遗惠一方。

柳宗元从一位激进的政治改革家变为立志做一名封建体制下的清官循吏，这不能不说是严酷的社会现实迫使他产生的思想变化。从一方面看，这是柳宗元人生的悲剧；但从另一方面看，又可算是他人生幸事，他没有消沉退缩，他没有和世俗同流合污，他努力有所作为，为柳州的社会发展做出了不可泯灭的贡献。

种柳柳江边

柳州地处广西，自然条件得天独厚，但当时的柳州十分荒僻，荆榛遍野，没有开发利用。柳宗元到柳州后，因其土俗，推广中原的生产技术，积极发展农、林和畜牧业，并亲自动手，植树造林。他曾写下一首《种柳戏题》的诗："柳州柳刺史，种柳柳江边。谈笑为故事，推移成昔年。垂荫当覆地，耸干会参天。好作思人树，惭无惠化传。"诗的大意是说，一个姓柳的人做了柳州刺史，他在柳州边种植柳树，此事大概会以一种玩笑的方式成为一个历史掌故。诗人希望将来会大树参天，垂荫后世。他又谦虚地说，自己将为没有能遗惠后世而惭愧。但人们自可从诗中读出他要积极用世、忠于职守、仁政爱民、为百姓做好事的急切心情。

为带领柳州百姓植树造林，柳宗元还身体力行，在柳州城西北亲自种植二百株柑橘。当这些柑橘树茂密生长，绿树成荫之时，他又写下了《柳州城西北隅种甘树》一诗："手种黄柑二百株，春来新叶遍城隅。方同楚客怜皇树（楚客，指屈原，曾写《橘颂》，称橘为'后皇嘉树'），不学荆州利木奴（荆州，指东吴丹阳太守李衡，种橘千株，临终告其子说：这是一千个'木奴'，可留为营生之资）。几岁开花闻喷雪，何人摘实见垂珠。若教坐待成林日，滋味还堪养老夫。"诗人引屈原为同调，并表示决不学李衡，自己种柑橘完全没有利己的打算。

此外，他在主持重修大云寺时，不但种了许多树，而且还种了三万竿竹子；他本人体弱多病，又热衷于种植药材，还种植海石榴、木芙蓉等花果，借以美化环境。他还整治柳州街道，路旁种植各种树木，大大改善了城市的面貌，为柳州人与自然的和谐发展做出了极大的努力。

遗惠一方

柳宗元一到柳州，就发出了"是岂不足为政耶"的壮语，而且在任四年，他忠于职守，身体力行，一步步实现自己的为政理想。

他在柳州释放奴隶，推广中原先进的生产技术，植树造林，大力发展农、林、畜牧业；致力于普及文化、教育事业。针对柳州文化落后，巫医、占卜等迷信活动非常严重的情况，他一方面禁止这些迷信活动，另一方面大力提倡儒教，修缮孔庙，务使"人去其陋，而本于儒，孝父事君，言及礼义"；同时又倡导佛教，其意均在改善风俗，推行教化。柳宗元还充分利用自己的名望和影响，吸引大批年轻学子到柳州来，对活跃当地的文化和学术，推动地方文化事业的发展都产生了积极的影响。

由于柳宗元的努力，原本十分落后的柳州社会面貌发生了巨大的变化。韩愈在《柳州罗池庙碑》一文中对其在柳州的政绩有非常具体的描述："凡令之期，民劝趋之。无有先后，必以其时。于是民业有经，公无负租，流逋（流亡他乡之人）四归，乐生兴事：宅有新屋，步有新船，池园洁修，猪牛鸭鸡，肥大蕃息；子严父诏，妇顺夫指，嫁娶葬送，各有条法，出相弟长，入相慈孝。先时民贫，以男女相质，久不得赎，尽没为隶；我侯（指柳宗元）之至，按国之故，以佣除本，悉夺归之。大修孔子庙，城郭巷道，皆治使端正，树以名木。柳民既皆悦喜。"柳宗元的惊人才干，使其政能在有限的范围内得以施展。韩愈热情赞颂了柳宗元在柳州的政绩，也是对柳宗元为官一任、遗惠一方的充分肯定。

柳宗元去世之后，柳州百姓十分感激和怀念这位给他们带来实惠的"父母官"。为了纪念柳宗元，柳州百姓为他修建了罗池庙，奉他为罗池之神，让他世世代代享受柳州百姓的祭祀。

柳州罗池庙，宋代犹有。北宋哲宗元祐七年（1092），皇帝亲赐灵文庙额匾；宋徽宗崇宁四年（1105），封柳宗元为文惠侯；南宋高宗绍兴二十八年（1156），又加封柳宗元为文惠昭灵侯。封建王朝的这些迟到的荣誉，对柳宗元来说虽是无益的虚誉，但也从一个侧面说明柳宗元的功绩和巨大影响。

千载之下，人们仍没有忘记这位政治改革家和清官循吏。至今广西柳州市仍有柳侯公园，园内还有柳宗元的衣冠墓，甚至在湖南省郴州市还有柳子庙。可见，人民永远不会忘怀曾为他们做过好事的人。

刘柳之谊

刘禹锡是中唐时期几乎与柳宗元齐名的政治家、思想家和文学家，他虽比柳宗元大一岁，但二人同年进士及第。在唐代，同科进士称为"同年"，这种特殊关系在激烈的官场斗争中显得尤为重要。这种"同年"之谊，使他们在思想倾向、政治态度、生活道路，以及文学观念上多有一致之处，使他们之间结下了终生不渝的友谊。

刘禹锡于贞元九年（793）中进士，于贞元十一年（795）授太子校书，属于东宫的属官。柳宗元和王伾、王叔文结识，大概是由刘禹锡的介绍；贞元十七年（801），刘禹锡调任渭南县主簿，渭南也是京兆府属县，这使他和名义上的蓝田尉、实际上留在京兆府的柳宗元多有接触；贞元十九年（803），柳宗元入朝为监察御史里行，而刘禹锡也被提拔为监察御史，刘、柳和韩愈一起在御史台度过了一段极有意义的时光。但不久，韩愈因论天旱人饥得罪权贵，被贬为阳山令；而刘、柳则在京积极参与了永贞革新活动。二王执政后，柳宗元被任为礼部员外郎，刘禹锡则被任为屯田员外郎兼判度支盐铁案，同时成为革新集团的核心人物。革新失败后，他们同时先被贬为州刺史，随即加贬为州司马，同为"八司马"之一。此后十年，二人虽未能谋面，但一直有书信往来，相互同情、支持，进行学术探讨，友谊不断加深。元和十年（815），他们又一同被召回京城，一个月后，又同时被贬作远州刺史。刘禹锡被贬为播州刺史后，柳宗元的"以柳易播"之举更证明他们之间友谊之真诚。

这次贬官的最后结局是：柳宗元被贬为柳州刺史，刘禹锡被贬为连州刺史。此次虽然实质上仍是贬官，但名义上却是"赴任"，所以较之十年前贬为州司马时，朝廷的限制是宽松多了。因此，刘禹锡和柳宗元得以同行，且行程也较为从容。二人经商州，下汉江，渡洞庭，溯湘江，直到衡阳。因刘禹锡要在此改行陆路赴连州，而柳宗元则需继续溯湘江去柳州，二人临江依依惜别，柳宗元写下了《衡阳与梦得分路赠别》一诗，诉说自己经十年流放后被召入京，本抱复起希望，又被放逐岭南。看到汉代伏波将军南征时走过的荒凉古道和淹没于草木之中的古墓，深感自己的前途也像这番景色一样苍凉。因为自己性格不合于世俗而横遭非议，徒有文名也不为当世所用。在如此黯淡的情景中与友人分手，实在令人悲伤流泪。刘禹锡也写下了《再授连州至衡阳酬柳柳州赠别》的答诗，他想到自己两次被贬连州，加上被贬朗州，已是"三黜"。命运多舛，事业无成。而今贬途中与友人分别，目送大雁北归，耳闻哀猿悲啼，此后与朋友身处异地，只有相望相思了。柳宗元再赋《重别梦得》诗：

"二十年来万事同，今朝歧路忽西东。皇恩若许归田去，晚岁当为邻舍翁。"又赋《三赠刘员外》诗："信书成自误，经事渐知非。今朝临歧别，何年待汝归？"诗中虽锐气不及当年，伤感情绪浓郁，但老友之间的深情，以及做"邻舍翁""待汝归"的渴望，仍催人泪下。

二人衡阳分别，柳宗元于六月二十七日到达柳州，秋日登上柳州城楼，思念老友，百感交集，遂写下《登柳州城楼寄漳汀封连四州》一诗："城上高楼接大荒，海天愁思正茫茫。惊风乱飐芙蓉水，密雨斜侵薜荔墙。岭树重遮千里目，江流曲似九回肠。共来百越文身地，犹自音书滞一乡。""惊风""密雨"般险恶的政治环境，去国离乡、远谪边地的孤愁寂寞，对患难与共的韩泰、韩晔、陈谏和刘禹锡的深切怀念而又山水阻隔，交织成茫茫的"海天愁思"。

元和十四年（819），刘禹锡老母病危时，同在病中的柳宗元曾三次派专人前往问询；柳宗元于元和十四年（819）十一月八日病逝于柳州，临死前，他曾分别致信在连州的刘禹锡和因谏佛骨而被贬为潮州刺史的韩愈。不久，刘禹锡老母病故，刘禹锡丁母忧，罢去连州刺史北归，到达四年前他与柳宗元分手的衡阳，突然遇到从柳州来送讣告的信使。刘禹锡展读柳宗元的遗书，惊号大恸，悲伤不已。刘禹锡立即写信已量移为袁州刺史的韩愈，请他为柳宗元撰写墓志铭，并将柳宗元去世的讣告送给知己好友。刘禹锡写下了《祭柳员外文》，"南望桂水，哭我故人"，深表哀痛之情，并又于八个月后，写下了《重祭柳员外文》，不仅向老友报告了后事的安排，而且对柳宗元"才不为世用"深情慨叹："出人之才，竟无施为""生有高名，没为众悲"。韩愈也先后写下了《祭柳子厚文》《柳子厚墓志铭》和《柳州罗池庙碑》三篇纪念性文字，对其才华、政绩、人品和文学成就给予了高度的赞扬。

柳宗元病危之时，曾致信给刘禹锡，委托刘禹锡在他去世后为他编辑文集。柳宗元去世后，刘禹锡怀着巨大的悲哀和敬意，不负重托，忠实地完成了柳宗元的请托，将其诗文编为三十卷，并撰《唐故柳州刺史柳君集纪》一文。这是柳宗元最早的集本，对柳文的保存起了无可替代的作用。

刘柳一生，患难与共；刘柳之谊，终生不渝。

小档案

柳宗元（773—819），字子厚，祖籍河东解县（今山西省运城市），后世称他为"柳河东"。他祖上历代游宦，迁居长安万年（今陕西临潼），他出生在长安。

柳氏世代为官。柳宗元精敏绝伦，出入经史百子。二十一岁中进士。他博览群书，了解古今大事，研究其利弊得失，思想活跃，成为一个才华出众、年轻有为的人物。贞元十七年（801）调任蓝田尉，贞元十九年（803）任监察御史里行，和韩愈、刘禹锡结下深厚友谊。唐顺宗即位后，任用王伾、王叔文等人进行政治改革，柳宗元被任为礼部员外郎，积极参与永贞革新并成为核心成员。永贞革新失败后，被贬为邵州刺史，未到任所，又改贬为永州司马。永州十年，他一方面抑郁、痛苦，以奉佛、游山玩水来排遣苦闷；另一方面，他始终未放弃对政治理想的追求，关心现实，写出了大量的文章与政敌进行斗争。元和十四年（819）逝于柳州任所，故后人又称他为"柳柳州"。

柳宗元是中唐时期进步的思想家和政治改革家，也是著名的文学家。其思想十分活跃、复杂，但主导面仍是儒家的"仁政爱民"。他同韩愈一起领导了古文运动，为唐宋古文八大家之一，和韩愈并称为"韩柳"。其诗也清新俊爽，尤以山水诗为佳。

柳宗元名段名言

孰知赋敛之毒，有甚是蛇者乎？(《捕蛇者说》)

日思高其位，大其禄，而贪取滋甚，以近于危坠，观前之死亡不知戒。(《蝜蝂传》)

溪虽莫利于世，而善鉴万类，清莹秀澈，锵鸣金石，能使愚者喜笑眷慕，乐而不能去也。余虽不合于俗，亦颇以文墨自慰，漱涤万物，牢笼百态，而无所避之。(《愚溪诗序》)

悠悠乎与灏气俱，而莫得其涯；洋洋乎与造物者游，而不知其所穷。……心凝形释，与万化冥合。(《始得西山宴游记》)

欧阳修：一代文坛贤盟主，慧眼识才真伯乐

他是政治家，早年是范仲淹政治革新运动的鼓吹者和支持者，晚年对王安石变法持论公允；他是著名的文史学家，作为北宋诗文革新运动的领袖人物，他提携了一大批青年才俊，堪称"千古伯乐"。

艰难的青少年时期

欧阳修出生时,其父欧阳观任绵州军事推官,四岁时,其父病逝于泰州军事判官任上。

欧阳观一生,仅在道州、泗州、绵州、泰州做过几任推官或判官,官微禄薄,但他"为吏廉而好施与,喜宾客""故其亡也,无一瓦之覆、一垄之植,以庇而为生"。用今天的话来说,他父亲是个廉吏,不但不贪腐,而且好施舍,喜欢交结宾客朋友。他死的时候,家里房无一间、地无一垄,没有任何生活资料。欧阳修在《七贤画序》一文中也说:"某为儿童时,先妣(去世的母亲)尝为某曰:吾归家时极贫,汝父为吏至廉,又于物无所嗜,喜宾客,不计其家有无以俱酒食。在绵州三年,他人皆多买蜀物以归,汝父不营一物,而俸禄待宾客,亦无余已。"

父亲去世后,孤儿寡母,生活极为艰难。其母郑氏时年二十九岁,立誓守节,母子相依为命。欧阳修的叔父欧阳晔当时任随州(今湖北随州)推官,郑氏即携欧阳修投奔随州。

其母郑氏系江南名族,知书识礼。当时虽到随州依欧阳晔生活,但毕竟是寄人篱下,生活拮据。无钱上学,只好由郑氏对欧阳修进行启蒙教育。据吴充《欧阳公行状》云:"皇考(去世的父亲)之捐舍(去世),公才四岁。太夫人守节自誓,而教公以读书为文。""公幼孤,家贫无资,太夫人以荻画地,教以字书。稍长,从闾里借书读,或手抄之,抄未毕而成诵。"无钱买纸笔,母亲就用芦苇画地教他识字。十岁时,家境愈加贫寒。因无钱买书,就到别人家去借书读,或者抄书,而聪明的欧阳修,往往是书未抄完已经会背诵了。因此他多读古人之文章,后学为诗赋，下笔如成年人，被时人称为"奇童"。随州城南有一姓李的大族，其家藏书甚丰，其子好学，欧阳修得以博览群书。后于其家的破筐中得到残本《韩昌黎文集》六卷，求李氏赐予带回家读之，爱不释手。欧阳修虽无很好的学习条件，但由于自己的聪慧和勤奋，学问大进。

宋仁宗天圣元年（1023），十七岁的欧阳修参加随州的科举考试，考试的题目是《左氏失之诬论》。文章写得不错，据说"人已传诵"，但因"赋逸官韵"（用韵超出了官府规定）而被黜。天圣四年（1026），二十岁的欧阳修由随州推荐到礼部参加考试；天圣五年（1027）春天，应礼部试不中。天圣六年（1028），欧阳修带着自己的文章去汉阳谒见了翰林学士胥偃。胥偃读其文，大奇，对其深为赏识，遂留置门下。这年冬天，欧阳修随胥偃到达汴京（今河南省开封市）。天圣七年（1029）春，欧阳修参加国子监考试，名列第一；秋天，又赴国子学解试，又名列第一。天圣八年（1030）正月，欧阳修参加礼部考试，当时是著名词人晏殊知贡举，欧阳修又名列第一。同年三月。欧阳修在崇政殿参加御试，中甲科第十四名。五月，以试秘书省校书郎出任西京（今河南洛阳）留守推官。二十四岁的欧阳修从此结束了他艰难的学习和求仕生活，正式开始了他的仕途生涯和文学生涯。

神交范仲淹

仁宗明道二年（1033）三月，章献太后病逝，仁宗亲理朝政，酝酿政治改革。四月，即将范仲淹从陈州通判召回京城，出任右司谏。司谏是谏官，在宋代，其官阶不高，俸禄不厚，但"掌规谏讽喻，凡朝政阙失，大臣百官任其非人，三省至百司事有违失，皆得谏正"。即是说，谏官可以直接向皇帝建言,参与朝政。

欧阳修时年二十六岁,在洛阳任留守推官。欧阳修有改变宋王朝积贫积弱之志,对谏官寄予厚望。故在范仲淹上任不久,即写信给素不相识的范仲淹,在这封《上范司谏书》中,欧阳修首先表示对范仲淹的祝贺:"司谏,七品官尔,于执事得之,不为喜,而独区区欲一贺者,诚以谏官者,天下之失得,一时之公议系焉。"接着便大讲谏官的重要:"若天下之得失,生民之利害,社稷之大计,惟所见闻而不系职司者,独宰相可行之,谏官可言之尔。故士学古怀道者仕于时,不得为宰相,必为谏官。谏官虽卑,与宰相等。天子曰不可,宰相曰可;天子曰然,宰相曰不然;坐乎庙堂之上与天子相可否者,宰相也。天子曰是,谏官曰非;天子曰必行,谏官曰必不可行;立殿陛之前与天子争是非者,谏官也。宰相尊,行其道;谏官卑,行其言,言行,道亦行也。九卿、百司、郡县之吏,守一职者,任一职之责;宰相、谏官系天下之事,亦任天下之责。然宰相、九卿而下失职者,受责于有司;谏官之失职也,取讥于君子。有司之法,行乎一时;君子之讥,著之简册而昭明,垂之百世而不泯,甚可惧也。夫七品之官,任天下之责,惧百世之讥,岂不重邪?非材且贤者不能为也。"文中极言谏官责任之重大。接着又讲洛阳士大夫对范仲淹的赞许和期待,又以韩愈写《争臣论》讥谏官不谏事劝勉范仲淹。最后又提醒范仲淹:既被用为谏官,切不可说"彼非我职,不敢言""我位犹卑,不得言""我有待"而不言。言下之意极为明白:朝廷从千里之外召你回朝做谏官,就是"欲闻正议而乐谠言",殷切期望范仲淹能有所作为,以解"洛之士大夫之惑"。

欧阳修对一位素不相识的谏官,如此直言不讳,可见他对谏官的重视和对范仲淹的期待。范仲淹当然不愧是一位直言极谏的合格谏官,他上任不过几个月就向朝廷提出了不少建议。同年十二月,又因和宰相吕夷简争论废郭皇后事愤而罢去谏官之职，不愧为"直辞正色，面争庭论者"。而欧阳修后来写《与高司谏书》义愤填膺地诘责谏官高若讷，自己任右司谏之尽职尽责，都说明欧阳修也是一名真君子、好谏官。

欧阳修这封鼓励和切责范仲淹的信，是他们最早的文字交往，但这次"神交"却奠定了他们之间真诚不渝的友谊。欧阳修一生都十分敬佩范仲淹这位改革派的领袖人物，并成为北宋政治革新中的坚定盟友。他不但积极参与北宋的政治改革，写《朋党论》《论杜衍范仲淹等罢政事状》等，极力为范仲淹等人辩诬；而且在范仲淹去世后，为其撰写《祭资政范公文》和《资政殿学士户部侍郎文正范公神道碑铭并序》，高度评价范仲淹的人品和政绩，不愧为范仲淹的知音。

洛阳三载

仁宗天圣九年（1031）三月，欧阳修正式到西京洛阳就任西京留守推官。唐朝建都长安，故以洛阳为其东都；宋代京城改在汴京（今河南开封），故以洛阳为其西京。当时的西京留守是钱惟演。这钱惟演是当时西昆诗派的重要人物之一，诗文都颇有影响，又好交友，故其幕府中多名士，如尹洙（师鲁）、梅尧臣（圣俞）等。欧阳修来到这样一个文学氛围极浓的环境中，真是如鱼得水，不但受到西昆派诗文风的濡染，而且以更大的热情和精力与尹洙等人研习古文，与梅尧臣等人研习诗歌，这些成为其领导诗文革新运动的重要准备。欧阳修积极从事文学活动，遂以文章名闻天下。

洛阳为九朝古都，不但文物鼎盛，而且山水景物宜人。推官属闲职，无多少公事可办；领导（留守）钱公风流儒雅，故欧阳修在此任职，多闲暇，纵游览。他曾和朋友们两游中岳嵩山，并和通判谢绛一起奉御香祭告嵩岳庙，同游五人又于峭壁上游神清洞。谢绛有《游嵩山寄梅殿丞（尧臣）书》，详记此次山水之游："是时秋晴日阴，天未甚寒，晚花幽草，亏蔽岩壁。正当人力清壮之际，加有朋簪谈燕之适。升高蹑险，气豪心果，遇磐石，过大树，必休其上下。酌酒饮茗，傲然者久之。""方抵峻极上院，师鲁体最溢，最先到，永叔最少最疲。于是浣漱食饮，从容间跻封禅坛，下瞰群峰……犹冒夜行二十五里，宿吕氏店，马上粗若疲厌，则有师鲁语怪，永叔子聪歌俚调，几道吹洞箫，往往一笑绝倒，岂知道路之短长也。"又有梅尧臣也写了五百言长诗追忆此事。于此可见洛阳三年，欧阳修及其志同道合的同事们的游山玩水之乐。

洛阳是花都，向有"洛阳牡丹甲天下"之誉。欧阳修在此三年中，饱览洛阳名花，对牡丹尤其情有独钟，并于景祐元年（1034）写下了《洛阳牡丹记》一文，全文分《花品序》《花释名》《风俗记》等。《花品序》《花释名》详记了各品种的特色和得名的由来。当时牡丹品种已达九十余种，人们精心培育，美不胜收。《风俗记》则叙洛阳赏花之风俗，又着重介绍牡丹之栽培技术，反映了当时园艺的成就。这是我国最早的对"国色天香"牡丹的全面记述，具有很高的价值。欧阳修在庆历二年（1042）又作《洛阳牡丹图》一诗："我昔所记数十种，于今十年半忘之。开图若见故人面，其间数种昔未窥。"由此也可知欧阳修在洛阳是遍赏牡丹名品，而仍以数种"未窥"为憾。也正因如此，他在被贬为夷陵令，见春来而野花未发时敢于说："曾是洛阳花下客，野芳虽晚不须嗟。"（《戏答元珍》）

洛阳三年是欧阳修初入仕途和初登文坛之际，这里的悠游生活是他一生中最快意的一个时期。当然，也有难以磨灭的伤痛：他和原配夫人、胥偃之女于他上任之后结婚。两年后，胥夫人生下一子，但未满月而亡故，五年后，胥氏所生子亦夭折。

欧阳修于景祐元年（1034）三月，秩满离开洛阳。

贬官夷陵

宋仁宗景祐初年（1034），在相位已久的吕夷简不思政事，故多有积弊，与有志于改革的士大夫屡有冲突。景祐三年（1036），吏部员外郎、权知开封府的范仲淹因官吏进用多出吕夷简私门，遂上《百官图》，指出某些官员与吕夷简的裙带关系，并指出朝廷近臣的进退不应全出自宰相。这就触怒了吕夷简。不久，范仲淹又因论建都之事与吕夷简发生矛盾，吕夷简说范仲淹"迂阔，务名无实"；范仲淹则向朝廷进献了《帝王好尚》《选贤任能》《近名》《推诿》四论，讥切时政，并点名指责吕夷简败坏宋朝家法。吕夷简恼羞成怒，不但攻击范仲淹"越职言事，离间君臣，引用朋党"，而且以辞职要挟朝廷。软弱的宋仁宗只得将范仲淹贬为饶州知州。

范仲淹无罪被贬，在朝廷掀起一场轩然大波。不少朝臣为范仲淹鸣不平，纷纷论救。左司谏高若讷与范仲淹、欧阳修等素有来往，然而作为谏官，高若讷在这关键时刻作了风派人物。他不但不出来主持正义，替范仲淹说话，反而到处散布流言，并在余靖家当众诋毁范仲淹。时任馆阁校勘的欧阳修听到高若讷的言论后十分不满，出于义愤，写下了名震当时、流传百代的名作《与高司谏书》。

宋仁宗景祐三年（1036），时任监察御史馆阁校勘的欧阳修，因替范仲淹无辜被贬抱不平，致书高若讷，高若讷反诬欧阳修和范仲淹为朋党，欧阳修因此被贬为夷陵令。朝廷给欧阳修的《制词》，用语相当严厉，如说:"近者范仲淹树党背公,鼓谗疑众,自干典宪,爰示降惩。尔托附有私,诋欺罔畏,妄形书牍,移责谏臣,恣陈讪上之言,显露朋奸之迹,备见狂邪,合治严科……"显然是把欧阳修当作范仲淹的朋党加以惩处的。范仲淹是无辜被贬,欧阳修写信给左司谏高若讷,是"发于愤而切责之,非以朋友待之也"(《与卢师鲁书》),欧阳修只是出于正义感,并无私人目的,因此被贬官,实在是一桩冤案。其时,集贤校理余靖因上书论范仲淹事被贬监筠州酒税;馆阁校勘尹洙因论范仲淹事,义愤填膺地自认是范仲淹之党,亦被贬为监郢州酒税。

夷陵属峡州,即今湖北省宜昌市。当时的鄂西山区相当荒僻。欧阳修自京师沿汴河、淮河,又溯江而上,至十月到达夷陵。他一路走来,处处触景生情,写下不少诗作。如其《黄溪夜泊》:"楚人自古登临恨,暂到愁肠已九回。万树苍烟三峡暗,满川明月一猿哀。非癀(láng,象声词)况复惊残岁,慰客偏宜把酒杯。行见江山且吟咏,不因迁谪岂能来。"又如《望州坡》:"闻说夷陵人为愁,共言迁客不堪游。崎岖几日山行倦,却喜坡头见峡州。"景色之凄凉,路途之苦况,怀国思乡之情,被贬的愤慨不平,一寓诸诗中。其母年已半百,亦随欧阳修到夷陵。"太夫人言笑自若,曰:'汝家故贫贱也,吾处之有素矣;汝能安之,吾亦安矣。'"(《泷冈阡表》)母亲的豁达与理解,给了欧阳修极大的精神安慰。

欧阳修来到夷陵,颇多感受。其《初至夷陵答苏子美见寄》一诗具体记叙了他的见闻和思想:"三峡倚岩峣(tiáo yáo,高峻),同迁地最遥。物华虽可爱,乡思独无聊。江水流青嶂,猿声在碧霄。野篁抽夏笋,丛橘长春条。未腊梅先发,经霜叶不凋。江云愁蔽日,山雾晦连朝……巴宾船贾集,蛮市酒旗招。时节同荆俗,民风载楚谣。俚歌成调笑,㵼(qì,祭)鬼聚喧嚣……白发新年出,朱颜异域销。县楼朝见虎,官舍夜闻鹦。寄信无秋雁,思归望斗杓。须知千里梦,长绕洛川桥。"在这首给友人苏舜钦的答诗中,具体描绘了夷陵的自然景物、当地的民俗风情,城里有老虎光顾,官舍可听猫头鹰叫,自己白发新生,红颜日消,遥望北斗思乡,梦思东都洛阳的苦况,都给人以此地"非人所居"之感。但欧阳修在这里也有其自得其乐之处。在与《与尹师鲁书》中,他认为官吏因言事被贬乃寻常之事,故反对在贬所作"戚戚之文"。为此,他把自己在夷陵的住所命名为"至喜堂"。在《夷陵至喜堂记》一文中,他既写了夷陵的偏远贫困:"地僻而贫,故夷陵为下县而峡为小州。州居无郭郛(fú,城墙),通衢不能容车马,市无百货之列,而鲍鱼之肆不可入。"居民住处简陋,又俗信鬼神,古称"蛮荆",但这里"风俗朴野,少盗争,而令之日食有稻与鱼,又有橘柚茶笋四时之味,江山美秀,而邑居缮完,无不可爱"。这里不但使有罪者"忘其忧",而且可使所有来这里的官吏"始来而不乐,既至而后喜"。他除了和老朋友苏舜钦、谢绛、梅尧臣诗歌往还以外,又交结了丁宝臣(元珍)这样的新朋友。丁宝臣时任峡州军事判官,有文名,与欧阳修友善。二人常结伴游山寺,赏风景,诗歌赠答。欧阳修的名作《戏答元珍》更典型地反映了他在夷陵的生活和思想状况:"春风疑不到天涯,二月山城未见花。残雪压枝犹有橘,冻雷惊笋欲抽芽。夜闻归雁生乡思,病入新年感物华。曾是洛阳花下客,野芳虽晚不须嗟。"此诗通过对夷陵二月无花冷落景象的描写,抒发了自己谪居山城的抑郁情怀和自为宽解之意。"疑不到天涯""生乡思""感物华",处处渗透着抑郁不平的情怀,而最后说"野芳虽晚不须嗟",虽是作者的自我宽慰,流露出的却"别是一番滋味在心头"。

然而欧阳修被贬夷陵的最大收获,是他开始"周达民事,兼知宦情",就是说知道了民生之苦痛和官场之腐败。欧阳修离开夷陵后,在《与焦殿丞书》中曾说:"某再为县令,然遂得周达民事,兼知宦情,未必不为益。"洪迈在其《容斋随笔》中，记载了张芸叟听欧阳修说过的一段话："吾昔贬官夷陵，方壮年，未厌学，欲求《史》《汉》一观，公私无有也。无以遣日（打发日子），因取架阁陈年公案，反覆观之，见其枉直乖错，不可胜数，以无为有，以枉为直，违法徇情，灭私害义，无所不有。且夷陵荒远褊小，尚如此，天下固可知也。当时仰天誓心曰：自尔（此）遇事不敢忽（疏忽）也。"欧阳修在夷陵翻阅旧档案，发现小小的夷陵尚有如此多的冤假错案。官员可以如此贪赃枉法，其他地方更可想而知。"达民事""知宦情"，这对欧阳修一世为官都是受用不尽的教益。

欧阳修在夷陵任上，还有一件值得一提的事，就是和他的第三任夫人成婚。明道二年（1033），其原配胥夫人病逝；景祐元年（1034），又续娶谏议大夫杨大雅之女为妻，但婚后一年，年轻漂亮的杨夫人又病逝。景祐四年（1037）三月，欧阳修告假至许昌，娶资政殿学士薛奎之女为妻。欧阳修的八个儿子（四个夭折）均为薛夫人所生。欧阳修于同年九月回到夷陵，十二月即调任为光化军乾德县（今湖北光化）令。

同其退不同其进

宋朝的开国皇帝赵匡胤靠发动陈桥兵变篡夺了后周的政权，因此，宋朝的皇帝们对于武将掌权太重是极不放心的，总怕他们也如法炮制，颠覆大宋王朝，故对武将多加防范，不大重用，而是重用一些多少通晓武略的文人来执掌兵权，这也是宋朝的一大特色。

景祐三年（1036），范仲淹因论事触怒宰相吕夷简被贬为饶州知州。欧阳修为此致书左司谏高若讷，责其谏官失职，骂其"不知人间有羞耻事",被高若讷控告而贬为夷陵令,尹洙、余靖等也因此事被贬,一时朝议哗然,蔡襄曾作《四贤一不肖诗》,称颂他们四人,讽刺高若讷,世间传诵。

北宋最大的外患有二:北边的辽和西北方的西夏。特别是西夏的李元昊(后赐姓赵),仗其强悍,不断内侵;宋朝不修武备,边防薄弱,故西北边疆极不安定。为了对付西夏的侵扰,宋王朝被迫起用颇通武略的范仲淹。宋仁宗康定元年(1040),范仲淹被任命为陕西经略招讨安抚使,负责西北边防事宜。范仲淹一方面战备,一方面妥善处理和西夏的关系,西夏人非常敬服范仲淹,称他"胸中自有十万甲兵",范仲淹声望大增。范仲淹复出后,没有忘记曾受连累而被贬官的欧阳修,于是致书欧阳修,辟他为掌书记,显然是有补偿、提携之意。当时欧阳修已由乾德令调任武成军节度判官厅公事,接到范仲淹的辟请,欧阳修感谢范仲淹的好意,但力辞不就。

欧阳修在《答陕西安抚使范龙图辞辟命书》中说:因边将无能,所以朝廷才麻烦您这位大贤之士。"伏惟执事忠义之节,信于天下。天下之士得一识面者,退夸于人以为荣耀……矧(shěn,况且)今以大谋小,以顺取逆,济以明哲之才,有必成功之势,则世之好功名者,于此为时,孰不愿出所长,少助万一,得托附以成其名哉?况闻狂虏猖獗……在于修辈,尤为愤耻,每一思之,中夜三起。不幸修无所能,徒以少喜文字,过为世俗见许,此岂足以当大君子之举哉!若夫参决军谋,经画财利,料敌制胜,在于幕府,苟不乏人;则军书奏记,一末事耳,有不待修而堪者也""若修者,恨无他才以当长者之用,非敢效庸人苟且乐安佚也。"大意是说,凭您的才德声望,和即将取得事业的成功,愿到您那里工作的人多的是。边境狂虏猖獗,我也为此"愤耻",但我除写文章外,别无他能。如参谋军事,克敌制胜,您幕府中不乏其人;若作掌书记,作文字工作，这种"末事"能干的人多啦。我没有特殊才能供您任用，又不敢学世上的庸人苟求"安佚"。欧阳修在给梅尧臣的信中也说："安抚（范仲淹）见辟不行，非推奉亲，避嫌而已。从军常事，何害奉亲？朋党盖当世俗见指，吾徒宁有党耶？直以见召掌笺奏，遂不去矣。"按他自己的解释，并不是为了侍奉老母，也不是为了避朋党之嫌，只是觉得搞文字工作没多大意思，这些并不是全部原因。据《宋史·欧阳修传》载："仲淹使陕西，辟掌书记，修笑而辞曰：'昔者之举，岂以为利哉？同其退不同其进可也。'"即是说，自己当时写《与高司谏书》替范仲淹鸣不平，只是出于正义感，而不是为了谋取私利。所以范仲淹被贬，我也被贬，与其"同退"而无憾；如今范仲淹迁升，有意提携，我不可与其"同进"。这一方面是出于避舆论的所谓"朋党"之嫌，另一方面，也是更主要的，是表现了欧阳修的磊落襟怀，不以个人之进退为意。欧阳修此举亦颇为当时人和后人称道。

当然，是金子总会发光的。同年六月，欧阳修奉诏返京，复职为馆阁校勘，参与修《崇文总目》。十月，转任太子中允，开始了一个官运好转时期。

情有独钟尊韩文

在唐代的文章家中，欧阳修最为推崇的是韩愈。他认为唐代"有道而能文者，莫若韩愈"。从其一生为文的传统来看，毫无疑问是继承韩愈的。喜爱韩文、学习韩文、校补韩文、写作古文，贯穿着欧阳修的毕生，这个历程在其晚年所写的《记旧本韩文后》中说得十分明白："予少家汉东（指随州），汉东僻陋无学者。吾家贫，无藏书。州南有大姓李氏者，其子尧辅颇好学，予为儿童时，多游其家，见有弊筐贮故书在壁间，发而视之，得唐《昌黎先生文集》六卷，脱落颠倒无次序，因乞李氏以归。读之，见其言深厚而雄博。然予犹少，未能悉究其义，徒见其浩然无涯若可爱。是时，天下学者，杨、刘之作，号为时文。能者取科第，擅名声，以夸荣当世，未尝有道韩文者。予亦方举进士，以礼部诗赋为事。"由此可见，欧阳修在儿童时期已经接触到韩愈的文章，虽是残卷，但已因其"深厚而雄博"而喜爱之，只是当时由于研习时文准备科举而无暇多顾。

"年十有七，试于州，为有司所黜，因取所藏韩氏之文复阅之，则喟（kuì）然叹曰：学者当至于是止尔。因怪时人之不道，而顾己亦未暇学，徒时时独念于心，以谓方从进士干禄以养亲，苟得禄矣，当尽力于斯文，以偿其素志。"欧阳修十七岁时，对韩文有了更深入的了解和更深的爱好，因牵于利禄而仍未暇学，但他已下定决心，一旦考中进士，有了利禄养亲，自己就会弃时文而尽力学习韩文。即是说，欧阳修此时已立下学习韩文的志向，学时文只不过是块功名利禄的敲门砖，门一敲开，砖头即可扔掉。

"后七年，举进士及第，官于洛阳，而尹师鲁之徒皆在，遂相与作为古文。因出所藏《昌黎集》补缀之，求人家所有旧本而校定之。其后，天下学者亦渐趋于古，而韩文遂行于世。至于今，盖三十余年矣。学者非韩不学也，可谓盛矣。"欧阳修二十四岁中进士，官于洛阳，与尹师鲁等一起学习韩文，写作古文。他在《答陕西安抚使范龙图辞辟命书》中写道："今世人所谓四六者，非修所好。少为进士时，不免作之，自及第，遂弃不复作。"欧阳修弃骈文而致力于古文创作，致力于推行诗文革新运动，在这个过程中，受到的阻力和付出的代价是相当巨大的。他在《与荆南乐秀才书》中写道："及得第以来，自以前所为，不足以称有司之举，而当长者之知，始大改其为，庶几有立。然言出而罪至，学成而身辱。为彼（写骈文）则获誉，为此（写古文）则受祸。此明效也。"写骈文，获誉；写古文，受祸。这与韩愈当年写骈文，人称好，写古文，人称恶何其相似！

欧阳修在"韩氏之文，没而不见者二百年"，并且"固知其不足以追时好而取势利"的情况下，慧眼识珠，认定韩文为楷模，学习之，鼓吹之，和一些"年相若，道相似"的朋友共同努力，不遗余力地推行古文运动，使韩文大行于世，而他自己也在这一过程中成为北宋文坛无可争议的领袖。

欧阳修在《记旧本韩文后》的最后，深情地写道："韩氏之文之道，万世所共尊，天下所共传而有也。"这是对韩愈之文之道的高度评价，移之评欧阳修之文之道，亦不为过。

苏东坡在《六一居士集序》中说："欧阳子，今之韩愈也。"就开一代文风，为一代文坛领袖而言，此言不虚。然欧阳修只是"似"韩愈，而不能真的"是"韩愈。时代不同了，欧阳修不可能只靠照搬韩愈的东西而取得与韩愈同等的地位，他必须有自己的新理论、新实践，为古文的发展提供新的经验，而在这方面，欧阳修的确无愧于时代的要求。

《四朝国史·欧阳修传》说："唐之文涉五季（五代）而弊，至修复起。"情况的确如此。如果说韩愈是"文起八代之衰"，那么，欧阳修则是起唐文之衰。韩愈学古而不拘于古，欧阳修学韩而不泥于韩。这正是他们的过人之处、成功之处。

义正词严论朋党

自仁宗景祐三年（1036）范仲淹、欧阳修等人以言事被贬官后，朋党之说一直喧嚣不息，使得不少有志于改革之士不得进用。而面对国家积贫积弱的现实，宋仁宗开始广开言路和才路，锐意改革。庆历三年（1043）三月，欧阳修由滑州召还京城，受命为太常丞知谏院，又罢黜宰相吕夷简等人，范仲淹、富弼、韩琦等相继入京，范仲淹任参知政事，富弼、韩琦任枢密副使，开始推行"庆历新政"，以"明黜陟（zhì）""精贡举""均公田""厚桑农""修武备""减徭役""覃（tán，深）恩信""重命令"等为主要内容。仁宗也亲降手诏，劝农桑，兴学校，多有改革。这就触犯了保守派官僚们的利益。"小人不悦，一时知名士，见谓为党人矣。"（吴充《欧阳修行状》）据《宋史纪事本末·庆历党议》载，庆历四年夏，仁宗曾与执政者论及朋党之事，范仲淹对曰："自古以来，邪正在朝，各为一党，在主上鉴辨之耳。诚使君子相朋为善，其于国家何害？不可禁也。"但社会上，保守派仍到处散布流言，攻击范仲淹等人私立朋党，妄图离间仁宗与革新派之关系。欧阳修一向与范仲淹关系密切，论事又直言不讳，因此，他和当时的宰相杜衍等都被看作范仲淹的"党人"。在此情况下，欧阳修便写下了《朋党论》一文。可见，朋党之说，已成为当时革新派与保守派政治斗争中的一个焦点。欧阳修写此文，目的就是驳斥政敌的攻击，讽谏宋仁宗。

朋党，即为私利而纠结在一起、排斥异己的宗派集团，这里即泛指政治集团。欧阳修的《朋党论》开门见山即写道："臣闻朋党之说，自古有之，惟幸人君辨其君子、小人而已。"接着便展开对君子、小人之朋的议论："大凡君子与君子以同道为朋，小人与小人以同利为朋，此自然之理也。然臣谓小人无朋，惟君子则有之。其何故哉？小人所好者利禄也，所贪者财货也。当其同利之时，暂相党引以为朋者，伪也。及其见利而争先，或其利尽而交疏，则反相贼害，虽其兄弟亲戚不能相保。故臣谓小人无朋，其暂为朋者，伪也。君子则不然。所守者道义，所信者忠信，所惜者名节。以之修身，则同道而相益（相得益彰）；以之事国，则同心而共济，始终如一；此君子之朋也。故为人君者，但当退小人之伪朋，用君子之真朋，则天下治矣。"接着，文章又列举历史事实，说明历代帝王，凡重用君子之朋者，则兴；凡重用小人之朋者，则亡。最后又告诫说："夫兴亡治乱之迹，为人君者可以鉴也。"讽劝仁宗借鉴历史的经验教训。

此文既没有从辩解的角度将其写成一篇辩诬的文字，也没有写成一篇单纯的驳论文章，而是从承认朋党、区别朋党、赞扬君子之党的角度立论。朋党是客观存在，但能否区分君子、小人之朋，能否真正进用君子之朋，斥退小人之朋，全在于皇帝的决断。所以欧阳修此文，实际上是在给宋仁宗上政治课，从理论和实际的结合上来教训皇帝。欧阳修在文中陈述道理，列举史实，针砭时弊，直言极谏，无所顾忌。这样的愤激之文，既是对皇帝的劝谏，更是对制造朋党谬论的保守派的沉痛一击。在"朋党"之论甚嚣尘上之际，欧阳修义正词严地纵论朋党，既表现了他的胆气，也表现了他文章之成熟。

这篇"破千古人君之疑"（茅坤《唐宋八大家文钞·欧阳文忠公文钞》）的文章，在当时引起极大反响，也引起保守派的极端仇视，欧阳修也就成为政治斗争中的"出头鸟"。他此后备受保守派的攻击和诬陷，与他写此文大有关系。

力主改革吏治

欧阳修步入仕途，正是北宋王朝由盛转衰的时期，社会矛盾日趋尖锐，政治弊端愈益严重，社会危机令人不安。作为一位有胆识的政治家，欧阳修大声疾呼改革现实，尤其是在其知谏院时期，对一系列重大政治问题发表了自己的见解。

北宋从开国起，统治者鼓吹享乐，对外屈辱投降，以大量财物纳贡以换取外敌不来侵扰；对内则实行高压政策，以防范人民造反。统治者就是在这么一种苟安环境中过着高官厚禄的享乐生活，人人只顾眼前，毫无深谋远虑，不思改革，不思进取。欧阳修对这种因循苟且的风气深恶痛绝。他在《论京西贼事札子》中说："患到目前，方始仓忙而失措；事才过后，已却弛慢而因循。"在《论李昭亮不可将兵札子》中也说："臣窃见朝廷作事，常患因循。应急则草草且行，才过便不复留意。"他在《论按察官吏第二状》中尖锐指出：朝臣上下，"患在但著空文，不责实效"。欧阳修认为要改变这种因循苟且的社会积弊，最重要的是改革吏治。

宋代机构臃肿，设官太滥，人浮于事；官吏俸禄优厚，文恬武嬉，办事互相推诿，议而不决，决而不行，效率极低。官员们多是不作为，少数是胡作非为。欧阳修在《论乞止绝河北伐民桑柘札子》中，一针见血地指出："天下公私匮乏者，殆非夷狄为患，全由官吏坏之。"即是说，官吏们的不作为和乱作为，大于夷狄之患。他认为"州县之吏不得其人"的状况必须改变。据此，他提出了"择吏为先"的主张。在《论按察官吏札子》中他明确指出："臣伏见天下官吏员数极多，朝廷无由遍知其贤愚善恶""致使年老病患者,或懦弱不才者,或贪残害物者,此等之人,布在州县,并无黜陟。因循积弊,冗滥者多,使天下州县不治者十有八九。今兵戎未息,赋役方繁,百姓嗷嗷,疮痍未复,救其疾苦,择吏为先。"建议朝廷立按察之法。他不但力主对官吏进行严格考察,而且竭力主张对不称职官吏进行淘汰。他在《再论按察官吏状》中说:"方今天下凋残,公私用急,全由官吏冗滥者多,乞朝廷选差按察使,纠举年老、病患、脏污、不材四色之人以行澄汰。"力主对这四种官吏加以清除。他还特别指出:"不材之人,为害深于脏吏。"即是说,对那些庸碌不材的官吏,尤应决心清除,因为这种人最善于因循苟且,也最容易包庇和纵容坏人作恶。基于上述观点,他主张改革科举办法。宋代科举考试,是先考诗赋,后考策论。欧阳修建议改为先考策论,后考诗赋,这样就可以有效避免让那些"童子新学全不晓事之人""幸而中选"。

改革吏治是宋王朝的当务之急,也是庆历新政的核心主张。欧阳修关于改革吏治的见解和主张,抓住了宋王朝之所以积贫积弱的要害,充分体现了他的政治卓见,即使在今天,也仍有积极的现实意义。但由于积习太重,因循苟且势力太大,所以欧阳修这些主张并未得到最高统治者的充分重视,因此也就未能真正实行。不仅如此,而且他也因此遭到很多既得利益者的忌恨,他后来屡次遭诬被贬,与他主张改革吏治而树敌过多也不无关系。

为政宽简

欧阳修认为诱民(以言论诱惑百姓)、兼并、徭役,是宋王朝的三大弊端,是百姓穷困之根源。为了解决国家财政困难和使百姓能生活下去,他力主"务农为先"，要求减轻赋税、徭役，"节用爱民"；主张废除繁缛的政令，不与民争利，使百姓可以安居乐业。他自己多次出任地方官，都竭力实行宽简政治。

比如在滁州。他治滁三年，给人的印象似乎是终日游山玩水，饮酒作文，大有不作为之嫌，其实完全不是这样。他采取了不少措施发展生产，不用苛繁的政令来束缚百姓，把滁州治理得井井有条。从其《丰乐亭记》《醉翁亭记》等文中可以体会到百姓的丰衣足食、欢乐自在。他曾权知开封府，他的前任是"铁面老包"。包拯是历来公认的清官，执法如山，以其威严来治理开封，卓有成效。欧阳修在他之后治理开封府，确有难以为继之处。而欧阳修有欧阳修的办法，他坚持执行宽简政治。办事遵从人情事理，不动声色，不求博取声誉。苏辙在《欧阳文忠公神道碑》中说：包拯"以威严御下，名震都邑。公简易循理，不求赫赫之誉。有以包公之政励公者，公曰：'凡人材性不一，用其所长，事无不举；强其所短，势必不逮。吾亦任吾所长耳。'"欧阳修从嘉祐三年（1058）六月上任，到嘉祐四年（1059）二月离职，前后不过八个月时间，依然把开封府治理得秩序井然。此外，他出使河东，看到河东赋敛重而民贫，百姓怨声载道，便多次上奏章，请罢除某些繁苛赋税以"宽民"。

欧阳修实行宽简政治，并非宽大无边，而是如苏辙所说"察而不苛，宽而不弛"。该宽则宽，该严则严。如开封府就在天子脚下，近戚宠贵多如牛毛，这些人无法无天，一旦犯了法，他们都有特殊办法免罪。欧阳修上任后，多次遇到这种情况。他就向朝廷上奏章，对这些犯罪而设法免罪的人"更加本罪二等"。有一个叫梁举直的内臣，因"私役官兵"犯罪，交开封府处置。此人曾通过关系，上司三次要免他的罪，欧阳修都拒不执行。可见，欧阳修的宽简是有其原则的：不该宽的，一定严办。

南宋朱熹十分赞赏欧阳修的宽简政治。他在《朱子考欧阳文忠公事迹》中说："公为数郡，不见治迹，不求声誉，以不扰宽简为意。故所至，民便；既去，民思……或问公为政宽简而事不废者，何也？曰：以纵为宽，以略为简，则废弛而民受其弊矣。吾之所谓宽者，不为苛急尔；所谓简者，不为繁碎尔。"宽，不是放纵；简，不是简略。放纵和简略，会使政令废弛，结果受害的还是老百姓。宽简是既不苛急，又不繁琐，追求宽容和简化，既遵循政令，又遵循人情事理，以办好事情为原则。这是他一生为政的风格，颇得时人和后人赞誉。

不在天命在人事

五代（即唐宋之间的后梁、后唐、后晋、后汉和后周）是中国继南北朝之后的又一个乱世。国家分裂，时局动荡，统治者内部篡乱不已，政权像走马灯一样频繁更替。宋初，薛居正奉诏撰写了《五代史》。仁宗至和二年（1055），欧阳修奉诏和宋祁一起修《新唐书》，兼史馆修撰。在编修《新唐书》的同时，他又利用《五代史》的资料，删繁就简，撰写了一部《新五代史》。在《新五代史》中，有一篇名作叫《伶官传序》，历来为人们所激赏。

古代称演员为伶人，而在宫廷中授予官职的伶人即称伶官。《新五代史》中有一篇《伶官传》，主要记载后唐庄宗李存勖（xù）宠信伶官景进、史彦琼、郭门高等人败政乱国的史实。"传"前有一段论述这一史实的文字，人们即称之为《伶官传序》。

这是一篇总结历史经验教训的文字，故文章开门见山即提出了自己的观点："呜呼！盛衰之理，虽曰天命，岂非人事哉！"一个朝代的兴废盛衰，虽然人们都说是"天命"，难道它不是由"人事"来决定的吗？言下之意即是说，不在"天命"，全在"人事"。紧接着作者便说："原庄宗之所以得天下，与其所以失之者，可以知之矣。"即用后唐庄宗得失天下的事实来证明自己的论断。晚唐末年，朱温和李克用帮助唐王朝镇压了黄巢起义。二人争权，斗得你死我活，最后是朱温灭唐，建国为后梁。由此，两家结下世仇。李克用临死，留下遗言，要儿子李存勖报仇。李存勖不忘父亲之志，奋勇作战，终于战胜了其父的三大敌人（后梁、燕和契丹），称帝，建后唐。李存勖称帝后，贪图享乐，宠信伶官，甚至粉墨登场，与伶官们同台表演，而荒于政事，最后国内大乱，"数十伶人困之，而身死国灭"。欧阳修即用他创业时的"意气之盛，何其壮哉"和他最后"君臣相顾，不知所归，至于誓天断发，泣下沾襟"的"何其衰也"作对比，极有说服力地证明，一个朝代的盛衰完全取决于人事。

欧阳修又由此总结出两条教训：一是"忧劳可以兴国，逸豫可以亡身"。忧思勤劳，居安思危，则国家兴盛；贪图安逸享乐，则会身死国灭，亦即"生于忧患，死于安乐"之意。二是"祸患常积于忽微（极细小之事），而智勇多困于所溺（特别沉迷之事）"。大的祸患都是从极细微之事积累发展起来的，智勇双全的人多因过分沉迷某些人、事而使自己陷于绝境。这两条是他从李存勖的盛衰中总结出来的，但他也是"醉翁之意不在酒"，他说古是为了论今。

众所周知，宋朝建国之后，宋太祖即公开提倡享乐，还美其名曰"朕以天下之乐为乐"，由此上行下效，君臣享乐成风，淫靡之风大盛，公款消费无度，国家处于积贫积弱状况与此大有关系，欧阳修对此十分忧虑。他从巩固大宋王朝统治的大局出发，借历史谕现实，告诫最高统治者，要以史为鉴，力戒私欲，居安思危；振作精神，防微杜渐，具有积极的现实意义。

欧阳修能突破传统的天命论思想，从统治者自身的活动中寻找盛衰的原因，这本身就具有极大的进步性。他强调事在人为，讽谏宋朝统治者不要重蹈历史的覆辙，表明他的政治卓见和对大宋王朝命运的关切，用心可谓良苦。

此文千古流传，具有极强的警示意义。即使是在今天，也不失其借鉴作用。明人茅坤称之为"千年绝调"，不为过誉。

犯颜直谏鸣不平

范仲淹提出的改革新政，多数被宋仁宗采纳，从庆历三年（1043）十月到庆历四年（1044）五月，先后以诏书形式颁布全国。新政的某些条款直接触犯了保守派官僚们的政治特权，他们对新政及推行新政的人恨之入骨，不择手段地进行反扑。如因革新派反对而被免去枢密使一职的夏竦，就让他的女奴模仿石介的笔迹，伪造了关于废立皇帝的草诏，诬陷石介是代富弼起草的，并到处宣扬此事，必欲置革新派于死地。六月，范仲淹出任陕西、河东宣抚使，抵御西夏；八月，富弼出任河北宣抚使。此时，保守派的反扑更加猖狂。正在此时，一个偶然事件给革新派带来了无可挽回的灾难。

苏舜钦（1008—1048）字子美，是欧阳修志同道合的朋友，是北宋诗文革新运动的重要作家，也是庆历新政的支持者。他当时的官职是监进奏院，进奏院是唐宋时期的官署，为各州镇官员入京时之寓所，并掌章奏、诏令及各种文书的投递、承转等事。这个地方的一大特点就是废纸多，所以历来这里的官员都曾用卖废纸的钱请哥们儿吃一顿。苏舜钦也按旧例用进奏院卖废纸的钱召乐伎与宾朋宴饮。此虽小事一桩，但被保守派抓住大做文章。据《宋史·苏舜钦传》载："舜钦娶宰相杜衍女。衍时与仲淹、富弼在政府，多引用一时闻人（著名人物），欲更张庶事。御史中丞王拱辰等不便其所为。会进奏院祀神，舜钦与右班殿值刘巽（xùn）辄用鬻（yù，卖）故纸钱。召伎乐，间夕会宾客。拱辰廉得之，讽其属鱼周询等劾奏（上奏章弹劾），因欲摇动衍，事下开封府劾治。于是苏舜钦与巽俱坐自盗除名。同时会者，皆知名士，因缘得罪逐出四方者十余人。世以为过薄（太过分），而拱辰等方自喜曰：'吾一举网尽矣！'"此事经王拱辰等阴谋炒作，不但苏舜钦以"自盗"罪被削职为民，而且刘巽及同饮者尹洙、刁约、王益柔、宋敏求等均受到惩罚。更为严重的是，王拱辰等人"其意不在子美"（欧阳修《苏氏文集序》），而在于动摇杜衍、范仲淹等。我们知道，苏舜钦是宰相杜衍的姑爷，而苏舜钦入京任职又是范仲淹举荐的。现在苏舜钦出了这等事情，杜衍和范仲淹都处于十分被动的地位。庆历五年（1045）二月，杜衍罢去宰相，范仲淹被罢免，富弼、韩琦等也都受牵连而被贬黜。有声有色的庆历新政前后仅一年左右的时间，就因保守派的反扑而告失败。

当时欧阳修在河北都转运使任上，知杜衍罢相，已感失助，曾上书《自劾乞罢转运使》。接着是范仲淹、韩琦、富弼等新政的核心人物相继被贬。欧阳修怀着难以抑制的愤慨，写下了《论杜衍范仲淹等罢政事状》（一作《上皇帝辨杜韩范富书》），替他们大鸣不平。奏章开头即云："臣闻士不忘身不为忠，言不逆耳不为谏。故臣不避群邪切齿之祸，敢干一人难犯之颜，惟赖圣明幸加省察。臣伏见杜衍、韩琦、范仲淹、富弼等，皆是陛下素所委任之臣，一旦相继罢黜，天下之士皆素知其可用之贤，而不闻其可罢之罪。臣虽供职在外，事不尽知，然臣窃见自古小人谗害忠贤，其说不远；欲广陷良善，则不过指为朋党；欲动摇大臣，则必须诬以专权。"表明自己之所以犯颜直谏，是因为此四人是仁宗"素所委任之臣",无罪而被小人诬以"朋党"和"专权"。接着写道:"自近日陛下擢此数人,并在两府,察其临事,可以辨也。盖衍为人清慎而谨守规矩,仲淹则恢廓自信而不疑。琦则纯正而质直,弼则明敏而果锐。"陛下"于千官百辟之中,特选得此数人,骤加擢用。夫正士在朝,群邪所忌;谋臣不用,敌国之福也。今此数人一旦罢去,而使群邪相贺于内,四夷相贺于外,此臣为陛下惜之也"。最后又写道:"今群邪进谗巧,正士继去朝廷,乃臣忘身报国之秋,岂可缄(jiān,不说话)言而避罪!"此文置个人安危于不顾,放肆直言,为忠臣辩诬,斥小人进谗,劝仁宗皇帝弃奸用忠。在庆历新政失败已成定局之时,欧阳修仍竭尽全力,以期挽狂澜于既倒。这样,欧阳修很快就成了保守派的众矢之的,成为他们攻击的主要目标。不久,他被贬官滁州,其根本原因恐怕就在这里。

被贬滁州

在庆历新政已无可挽回的情况下,欧阳修在河北都转运使任上写下《论杜衍范仲淹等罢政事状》,揭露保守派利用"朋党"之说污蔑革新派的伎俩,力劝仁宗明察。这样,他就成了保守派打击的主要对象。不久,京城便传出了绯闻,谏官钱明逸上奏章弹劾欧阳修与其外甥女有非伦暧昧关系。

关于此事,《宋史·欧阳修传》只有三句:"于是邪党益忌修,因其孤甥张氏狱傅致(罗织)以罪,左迁知制诰知滁州。"虽言及此事,但语焉不详。

事情的原委是这样的:

御史钱明逸姓钱,因欧阳修在撰写《新五代史》时对吴越钱氏家族有所贬斥，使其祖上不大光彩，故钱一直耿耿于怀，遂借机诬告欧阳修私贪官银。与此同时，开封府尹杨日严，以前在益州（今成都市）时，欧阳修曾弹劾他贪污公款，对欧阳修心怀嫉恨，因此也出来附和钱明逸。宋仁宗派人对此事进行了监勘（调查），证明欧阳修并未挪用府衙资金。钱明逸诬告欧阳修贪污不成，于是就又来更恶毒的一手。以绯闻诬陷一个人，历来是政客们的惯用手法，钱明逸也颇通此道。

当初，欧阳修的妹妹嫁给张龟正。张龟正死，只留下一个女儿，系张与前妻所生，时年四岁。母女无所归依，欧阳修怜悯她们，于是就将其接回家中。至其甥女成年，欧阳修将其嫁给了远房侄儿欧阳晟。这个张氏女不老实，不知是因屈打成招还是受人唆使，她竟说欧阳修欺占了她家财产。钱明逸又用张氏的钱买了田地，地契上写上欧阳氏的姓名，制造出伪证，妄图置欧阳修于死地。

钱明逸弹劾欧阳修的消息一出，舆论哗然。欧阳修恼怒不已，上表替自己辩白。宋仁宗降诏让户部判官苏安世和内侍王昭明调查处理此事，最终是查无实据。宋仁宗知是冤案，于是降诏安抚欧阳修，维护其清白声誉。事情看来可以到此为止了，但中书舍人钱穆及其父亲钱勰（xié）仍因钱氏祖宗事对欧阳修不依不饶，继续弹劾欧阳修。宋仁宗出于无奈，只好于庆历五年（1045）八月，罢去欧阳修河北都转运使之职，贬为知制诰知滁州。

绯闻之事虽最终不了了之，但欧阳修蒙冤被贬滁州。这对欧阳修的声誉和身心都造成了极大的伤害。当然，钱明逸及其家族最终以绯闻扳倒了欧阳修，拔掉了庆历新政的最后一颗钉子，但这只不过是直接的导火索而已，真正的原因乃是保守派对欧阳修的忌恨，"绯闻"只不过是新旧党争保守派导演的一场闹剧。

与民同乐

庆历五年（1045），庆历新政失败，范仲淹、杜衍、韩琦、富弼相继罢去，欧阳修亦因遭诬而被贬为滁州知州。这对欧阳修无疑是政治上的重大挫折与打击。滁州宋代属淮南东路，州治在今安徽省滁州市。这里在五代是用武之地，兵连祸结，民生凋敝。入宋经过近百年的休养生息，虽赋税繁重，但社会相对安定，可谓一块世外桃源。欧阳修虽含冤至此，心怀郁愤，但他是一个豁达大度之人，又宽简治滁，百姓安乐，他也有自己的快乐之处，这从他写于庆历七年（1047）的《画眉鸟》一诗可知："百啭千声随意移，山花红紫树高低。始知锁向金笼听，不及林间自在啼。"此诗名为咏物，实则咏怀。诗以画眉鸟自喻，以其在琅琊山"山花红紫树高低"的优美环境中"随意移""自在啼"，来暗喻自己来到滁州，摆脱了朝廷上的派别斗争，置身于政治斗争的旋涡之外，能无拘无束生活的愉快心情，真有一种"解放了"的感觉，是一种发自内心的愉悦。而其在滁州之乐，在其写于庆历六年（1046）的《丰乐亭记》中表现得尤为充分。

丰乐亭，在滁州幽谷紫微泉上。《滁州志》引吕元中记曰："欧阳修谪守滁上，明年，得醴（lǐ）泉于醉翁亭东南隅。一日，会僚属于州廨（xiè，官吏办事处），有以新茶献者，公敕吏汲泉未至，而汲者仆出水（跌倒把水洒了），且虑后期（担心误事），遽取他泉以进。公已知其非醴泉也，穷问之，乃得他泉于幽谷山下。文忠博学多识而又好奇，既得是泉，乃作亭以临泉上，名之曰丰乐。"欧阳修在《丰乐亭记》的开篇即简介了疏泉建亭的情况："修既治滁之明年夏，始饮滁水而甘。问诸滁人，得于州南百步之近。其上丰山耸然而特立，下则幽谷窈然而深藏，中有清泉，滃（wěng）然（水势盛大）而仰出（向上喷涌）。俯仰左右，顾而乐之。于是疏泉凿石，辟地以为亭，而与滁人往游其间。"在介绍了丰乐亭周围优美景色之后，文章笔锋一转，用相当的篇幅追叙唐末五代这里干戈用武的历史，以及"宋受天命，圣人出而四海一""百年之间，漠然徒见山高而水清"。滁州之民"安于畎亩衣食，以乐生送死"。既称颂了宋王朝的功德，也反映了今天滁州的安定环境、太平景象来之不易。接着，文章又写自己治滁的感受："修之来此，乐其地僻而事简，又爱其俗之安闲。既得斯泉于山谷之间，乃日与滁人仰而望山，俯而听泉，掇（duō，采取）幽芳而荫乔木，风霜冰雪，刻露清秀，四时之景，无不可爱。又幸其民乐其岁物之丰成，而喜与予游也。"极写这里四时风景之可爱，滁民乐其获得丰收而喜与己游，以及自己对州民的教化，归结到"丰乐"二字，不仅突出了与民同乐的思想，而且也包含着对自己治滁政绩的肯定。当然，说自己"乐其地僻而事简，又爱其俗之安闲"，既有其真实的一面，也隐然表达了自己对贬官的不满之意，因为我们知道，欧阳修并不是一个乐"地僻""事简"、爱"安闲"的人物。文章最后说："夫宣上恩德，以与民同乐，刺史之事也。"这既是说自己给亭子命名的理由，也是画龙点睛地道出自己写此文的用意：颂皇上功德，与百姓同乐。

作为一个封建官吏，能做到与民同乐，已属不易，尤其是在贬官之后，更为可贵。此文小题大做，于生动平易的记叙中谈古说今，指点时政，委婉生动，余味不尽。近人陈衍在其《石遗室论文》中说："永叔以跋序、杂记为最长，杂记尤以《丰乐亭记》为最完美。"说"最完美"，虽然有言过其实之处，但说是一篇优秀之作，当受之无愧。

未老而称醉翁

欧阳修于庆历五年（1045）被贬到滁州。庆历六年（1046），写下了著名的《醉翁亭记》。他的"醉翁"之号由此而大著，而他时年只有四十岁。

四十岁正是"不惑"之年，不能算老，但欧阳修却自号"醉翁"，原因何在？在这篇《醉翁亭记》中，欧阳修有个解释："峰回路转，有亭翼然立于泉上者，醉翁亭也。作亭者谁？山之僧智仙也。名之者谁？太守自谓也。太守与客来饮于此，饮少辄醉，而年又最高，故自号曰醉翁也。醉翁之意不在酒，在乎山水之间也。山水之乐，得之心而寓之酒也。"建亭的人是琅琊山的和尚智仙，给亭子命名的是欧阳修。欧阳修自称"醉翁"，故此亭即为醉翁亭。按欧阳修此处的说法，他之所以称"醉翁"，是因其"饮少辄醉，而年又最高"。看来说得合情合理，并无他意。但是值得人们深思的则是"醉翁之意不在酒，在乎山水之间也。山水之乐，得之心而寓之酒也"。"醉翁"之意既在"山水之间"，于是文章便极写山水之乐：醉翁亭周围之景，朝暮和四时变幻无穷，奇景迭出，给人以无穷的乐趣。不仅有山水之乐，还有坐亭观赏滁人游乐和太守宴乐，以及禽鸟之乐。通篇贯穿一个"乐"字，既然有如此多的"乐"，那么欧阳修为何不称"乐翁"而偏称"醉翁"呢？文章就在这一个"醉"字上。

欧阳修在其《赠沈遵》一诗中说："我时四十犹强力，自号醉翁聊戏客。"意思是说，自己刚到四十，正是年富力强之时，取号"醉翁"只不过是和客人们开玩笑。看来事情并不这么简单。可是苏东坡却信以为真了。他在《东坡志林》卷二中说:"永叔作《醉翁亭记》,其辞玩易,盖戏云尔。"看来,东坡真的是上当了。欧阳修在其《题滁州醉翁亭记》一诗中写道:"四十未为老,醉翁偶题篇。醉中遗万物,岂复记吾言……惟有岩风来,吹我还醒(chéng,醉酒神志不清)然。"既然明知"四十未为老"而还称"醉翁",奥妙就在这"醉中遗万物"。所以,欧阳修自号"醉翁",确有其深意,我们可以从两方面加以理解。

一是旷达自放之意。欧阳修在庆历新政彻底失败、自己又遭谗被贬之时,内心是十分矛盾和痛苦的。正如他后来在《归田录序》中所说:"既不能因时奋身,遇事发愤,有所建明,以为补益,又不能依阿(依附阿谀当权者)取容,以徇(随)世俗。使怨疾谤怒丛于一身,以受侮于群小。"故在《醉翁亭记》中,除表现自己与民同乐,显示自己治滁政绩外,更主要的是要表现自己为人的大节和情操。当时他的不满和怨怒是显而易见的,但他豁然大度,既不戚戚于心,亦不作戚戚之文。他在《答李大临学士书》中曾说:"修在滁三年,得博士杜君与处,甚乐……固能达于进退穷通之理,能达于此而无累于心,然后山林泉石可以乐;必与贤者共,然后登临之际有以乐也。"文中大写山水之乐,写其"得之心而寓之酒"之乐,正表现了他光明磊落、不斤斤计较个人得失的政治家气度与风范。

二是"醉中遗万物"之意。欧阳修在众宾欢乐的野宴上,"苍颜白发,颓然乎其间"的醉态和老态,正表现了其精神世界的另一面。面对滁州年丰物阜(富足)、和平安定的现实,加上一派令人陶醉的山水美景,当然使欧阳修感到快慰。但欧阳修不是一个鼠目寸光、只顾眼前的人物,其忧国忠君之心不忘于怀。当时政治昏暗,奸佞当道;有志改革图强之士纷纷遭受贬黜,国家积弊未除,内忧外患严重,衰亡景象日趋明显,这又使得欧阳修深感忧虑和痛苦。但自己被贬于滁州一隅,才能不得施展，理想不得实现，报国无门，唯有借酒浇愁而已。"醉翁之意不在酒，在乎山水之间也。"欣赏山水之乐，虽乐中寓悲，但毕竟可以遣愁；然而只有既醉之后，才可以忘掉一切，所以这"醉翁"之"醉"，的确包含着借酒浇愁的郁闷和悲苦。

欧阳修在《醉翁亭记》的篇末说："然而禽鸟知山林之乐，而不知人之乐；人知从太守游而乐，而不知太守之乐其乐也。"鸟不知人之乐，宾客不知太守之乐，太守自得其乐。而"乐"字背后隐藏着难以明言之苦衷，这正是我们理解欧阳修未老而称"翁"，且称"醉翁"的真正用意。

知贡举痛抑怪文

韩愈提倡文从字顺，写了许多文字畅达的作品；但他也追新求奇，写了一些"怪怪奇奇"之文，其流弊是造成了皇甫湜、来无择、孙樵一派艰涩怪癖的文风。此风直至宋初尚未消歇，到北宋中期，以写怪文闻于世的"太学体"流弊更甚。欧阳修继承韩愈"文从字顺"的一面，又学习王禹偁的平易自然，提倡平易晓畅的文风。他不仅批评唐代元结、樊宗师文章"以怪而取名"的"不胜其弊"，而且在给"太学体"的代表人物石介的信中，多次告诫："君子之于学，是而已，不闻为异也。""书虽末事，而当从常法，不可以为怪。"而他反对和痛抑怪异之文的惊人之举，则是嘉祐二年（1057）他知贡举（主持进士考试）时的作为。

当时"太学体"风靡于世，而名气最大的人物之一是刘几。据沈括《梦溪笔谈·人事》载："嘉祐中，士人刘几，累为国子第一人。骤为怪崄（xiǎn）之语，学者翕（xī）然（行为一致）效之，遂成风格，欧阳公深恶之。会公主文（主持进士考试），决意痛惩。凡为新文者，一切弃黜，时体为之一变，欧阳之力也。有一举人论曰：'天地轧，万物茁，圣人发。'公曰：'此必刘几也。'戏续之曰：'秀才剌（là，乖谬，悖谬），试官刷（主考官把他刷掉了）。'乃以大朱笔横抹之，自首至尾，谓之'红勒帛'（即以朱笔涂抹文字），判'大纰缪'字榜之（张榜公布），既而果几也。"刘几在进士考试中写佶屈聱牙（文句不通顺）的古怪文字，欧阳修不但"戏续之"，指其乖谬，违背常法而将其刷掉，而且气愤地用朱笔横抹，判"大纰缪"张榜公布。这一举动是对当时"太学体"的沉痛一击。凡写怪文章的，一律弃黜，这是最致命的。众所周知，封建时代的知识分子走的都是"学而优则仕"的道路，十年寒窗，求的就是金榜题名。现在因写怪文而名落孙山，岂不要命？其失落和恼怒可想而知。

据《宋史·欧阳修传》载："时士子尚为险怪奇涩之文，号太学体。修痛排抑之，凡如是者辄黜。毕事（进士考试张榜公布后），向之嚣薄者（浮薄之人）伺修出，聚噪于马首，街逻（相当于今之民警）不能制（无法制止），然场屋之习（科举考场的文风），从是遂变。"《续资治通鉴·宋仁宗嘉祐二年》也说："榜出，嚣薄之士，候修晨朝，群聚诋斥（诋毁谩骂）。"欧阳修利用主持进士考试的文权，痛抑写怪文章的人，这些人恼羞成怒，趁欧阳修早朝之机，在其马前聚众闹事，围攻谩骂，连民警都无法制止。但欧阳修硬是不惧威胁，顶住了这股歪风。从此以后，科举考试文风一变。

欧阳修主持进士考试痛抑"险怪奇涩之文"，这在当时确是一件大事。此后文风一变，的确是欧阳修的一大功绩。但欧阳修也清楚，文风的变革，不能单靠行政命令，有破还得有立。欧阳修一面痛惩险怪之文，一面奖励写质朴自然之文；在刘几之流被黜的同时，苏氏父子及曾巩等人均得到应有的奖励：或金榜高中，或被推荐于朝。这对一代文风的影响甚为巨大。

与宋祁的君子之交

五代时刘昫（xù）已写了一部《唐书》，史称《旧唐书》。宋仁宗认为刘昫的《旧唐书》过于浅陋，于是在庆历四年（1044）左右，即命宋祁等人预修《新唐书》，宋祁先写列传部分。

至和元年（1054），欧阳修服母丧期满入朝，宋仁宗一见欧阳修须发尽白，遂动恻隐之心，留其在京。时刘沆（hàng）为相，力谏欧阳修参与修《新唐书》。欧阳修遂以翰林学士、史馆修撰之衔参与这一工作。

《新唐书》于嘉祐五年（1060）成书，前后历时约十七年。参与这一工作的主要成员，除欧阳修外，依次是宋祁、王畴、宋敏求等，而其中以欧阳修和宋祁贡献为多。宋祁撰写了列传部分，欧阳修则撰写并改定了纪、志和表。而在这一过程中，欧阳修与宋祁的关系也相对较为密切。

宋祁（998—1061）既是官吏，又是文人，诗文均有成就。其词《玉楼春》中的"红杏枝头春意闹"一语，为当时及后世人所激赏。其为文喜用僻字，在修《新唐书》过程中，他也常用僻字，而欧阳修则力主为文平易、自然，不为怪癖。据《涵芬楼文谈》载："（宋祁）与欧阳文忠公并修唐史，往往以僻字更易旧文。文忠病之而不敢言，乃书'宵寐匪祯，札闼（tà）洪庥（xiū）'，八字戏之。宋不知其戏己，因问：'此二语出何书？'欧言：'此即公撰唐书法也。''宵寐匪祯'者，谓夜梦不祥也；'札闼洪庥'者，谓书门大吉也。'宋不觉大笑。"宋祁比欧阳修大差不多十岁，欧阳修视之为前辈，对他用僻字有意见又不敢直说，于是采用了"以其人之道还治其人之身"的办法，找了八个僻字拼凑成句调侃宋祁。宋祁初不明其意，还问欧用修"此二语出何书"，及欧阳修说明用意后，宋祁毫无发火和责备之意，只是会心一笑了之，表现了一个学者的宽厚和大度，而欧阳修的机智也让人佩服。

《新唐书》由多人分工修撰，完稿后，朝廷怕其体例不一致，于是就让欧阳修再来统稿，将全书的体例、风格统一起来。欧阳修受命后，退而对人说："宋公于我为前辈，且人所见不同，岂可悉如己意。"于是，他对宋祁所撰写的列传部分，一个字也未改动。他已经表达了对宋祁喜用僻字的意见，宋祁是否采纳了他的意见，此时欧阳修并不去计较。书稿是宋祁经过深思熟虑定下来的，欧阳修则采取包容的态度，绝不把自己的意见强加于人，表现了对前辈学者的极大尊重。

《新唐书》由欧阳修统稿后上报朝廷。按照旧例，奉诏所撰之书，署名时只署官位最高的一个人的名字。而仁宗嘉祐五年（1060）时，欧阳修任礼部侍郎（副部长）、枢密副使（最高军事副长官），官位最高，理应只署欧阳修一人的名字。但欧阳修坚决不同意这么做，他说："宋公于传，功深而日久，岂可掩其名、夺其功？"于是，纪、志、表部分署上了欧阳修的名字，而列传则署了宋祁的名字。这一破例的做法，使宋祁的哥哥、宰相宋庠（xiáng）大为感动，赞叹说："自古文人，好相凌掩（凌驾别人之上，淹没别人功绩），此事，前所未有也。"欧阳修文章擅天下，又身居高位，却从来不以文骄矜于人，而是乐于成人之美，绝不掩盖别人的长处和成绩，更不做贪天之功为己有的亏心事，其宽阔襟怀、仁者风范于此可见一斑。

欧阳修与宋祁可谓君子之交。

赋秋声而悟养生

《秋声赋》是欧阳修抒情文章中最为杰出的佳作。

这篇散文赋写于宋仁宗嘉祐四年（1059），作者时年五十三岁，在京城任翰林学士、给事中，充御试进士详定官。可以说这是欧阳修官运亨通的一个时期。但三十年来的宦海浮沉，使他有太多的感慨。他遭诬被贬滁州，辗转数郡，于至和元年（1054）返京见仁宗时，他已是须发尽白的老人了。身体的衰老疲惫只是表面的，其内心的困惑与忧虑，更使他百感交集。三十年来，自己力主革新政治，并为此努力过，付出了沉痛的代价，但至今社会积弊如故，并有每况愈下之势；自己为官清正，忠于职守，直言敢谏，严格约束僚属，但也因此得罪不少人，积怨颇多，屡遭攻击和诬陷。按今天的观念，五十岁出头的人正是年富力强之时，为国效命之秋，但欧阳修在正视现实的积极人生态度之中，却交织了不少消极的凄凉衰飒之情。身心俱老的欧阳修，由秋声、秋色、秋意所引发的强烈的秋感，于《秋声赋》中表露无遗。

文章的第一部分是描绘秋声，可谓应题而起。通过一系列精妙的比喻，把看不见、摸不着的秋声描摹得形象、具体，可见可闻。文章的第二部分是进一步展开对秋声的描绘。先从色、容、气、意、声五个方面对变态百出的"秋状"进行描绘，突出秋声到来时自然界摧败零落的景象，接着又用刑官、兵象、音乐等作比附，进一步推论"秋声"摧残万物的原因，利用传统的说法，说明秋声"常以肃杀而为心"，并强调"物过盛而当杀"。"物过盛而当杀"，不言而喻，"人过盛而当死"。文章很自然地过渡到第三部分，由物及人，慨叹人生之衰飒飘零。"草木无情，有时飘零，人为动物，惟物之灵。"无情的草木尚有"飘零""当杀"之时，人作为"万物之灵"，其衰飒更甚于草木，为什么呢？"百忧感其心，万事劳其形"，人生有那么多的事需要去操心，有那么多的事需要去耗费体力，这已经够受的了，更何况很多人有意跟自己过不去："思其力之所不及，忧其智之所不能。"自己力量达不到的事，总想琢磨着去干；自己智力达不到的事，总是瞎操心去忧虑。这么自己折腾自己，能不加快衰老进程吗？"宜其渥（wò）然丹者为槁木，黝（yǒu）然黑者为星星"。红润的面容很快衰老，满头黑发变得灰白，也就是理所当然的事情了。人非金石，乃血肉之躯，如此折腾，是自己摧残了自己，与秋声毫无关系，所以不必去怨恨秋声。欧阳修十分透彻地悟出了人的衰颓老死是人们自己过分劳累和忧思造成的。

《秋声赋》确实流露了欧阳修的某种消极情绪。但作者在慨叹人生无常、抒发身世之感的同时，也有意无意地阐发了自己的养生之道，对人生抱有一种唯物主义的态度：人同自然界的草木一样，有其盛衰的必然规律，不必为衰老而怨天尤人，要想健康长寿，一切随顺自然是最重要的，不干力所不及之事，不忧智所不能之事，不自己摧残自己，自然可以颐养天年。

欧阳修的慨叹和所悟，的确很值得我们深思和借鉴。清人余诚评欧公此文说："借景生情，不徒以赋物为工，而感慨悲凉中，寓警悟意，洵（xún，实在）堪令人猛省。"这"警悟意"和"令人猛省"，可谓深得本文精髓。

擅停推行青苗法

因为"濮议"（1065年4月，英宗降诏让大臣议崇奉濮王典礼之事，发生重大争执，史称"濮议"）之争，欧阳修蒙受诽谤，虽诬陷者被惩处，神宗也亲派中使宽慰，但经此一事，欧阳修似乎对仕途和人生更有所悟：像他这样刚正不阿的人，是不适合在官场再混下去的。此前他已多次上疏求退，未获恩准，此后更是退意已决。由于他再三请求，终于在治平四年（1067）三月，刚即位的神宗同意他辞去参知政事之职，除观文殿学士，转刑部尚书，知亳州。熙宁元年（1068），转兵部尚书，知青州，充京东东路安抚使。

熙宁二年（1069），神宗用王安石实行"熙宁变法"，变法内容广泛，其中重要的一项是"青苗法"。所谓"青苗法"，简单说，就是政府于青黄不接之时贷款给农民，每年正月底、五月底以前借出，而于五月、十月随夏、秋二税归还贷款，另付二分利息。本来，政府实行青苗法的根本目的就是要"取利于民"，解决国家的财用问题，这是不必讳言的，但如百姓确有需要，也不失为一项解决百姓燃眉之急的办法，而官府的告谕却说这一举措"本为利民"，并非"取利"。对此，欧阳修在其所上《言青苗钱第一札子》中予以严肃的批驳："臣窃见议者所言青苗钱取利于民为非，而朝廷深恶其说，至烦圣慈（皇帝）命有司具述本末，委曲申谕中外以朝廷本为惠民之意。然告谕之后，搢（jìn）绅（官宦或儒者）之士，议论益多。"田野之民，"但见官中放债，每钱一百文要二十文利尔。是以申告虽烦，而莫能谕也……以臣愚见，必欲使天下晓然知取利非朝廷本意，则乞除去二分之息，但令只纳原数本钱"。欧阳修的意思很明白：既收二分利息，就不该说"惠民"；既说不"取利于民"，最好是不收利息。这个意见，无疑是击中了青苗法的要害。

除此之外，在俵（biào，散发，分发）散青苗钱的过程中，还有两项明显的弊端：一是"抑配"（强行摊派），二是"俵散秋料钱"。在《言青苗钱第一札子》中，欧阳修猛烈批评了"抑配"的办法："臣窃闻议者多以抑配人户为患，所以朝廷屡降指挥，丁宁约束州县官吏，不得抑配百姓。然诸路各有提举管勾等官，往来催促，必须尽钱俵散而后止""以不能催促尽数俵散为失职，州县之吏，亦以俵散不尽为弛慢不才"。因为贷出去的钱多少和官吏们的政绩挂钩，势必形成"抑配"。因此欧阳修建议：应罢免督促、强迫百姓借贷的提举管勾等官员，然后责令州县不得抑配，百姓愿贷多少就贷多少。对于"俵散秋料钱"，欧阳修在其《言青苗钱第二札子》中有极为透辟的分析："以臣愚见，若夏料钱于春中俵散，犹是青黄不相接之时，虽不户户缺乏，然其间容有不济者，以为惠政，尚有说焉。若秋料钱于五月俵散，正是蚕麦成熟，人户不乏之时，何名济缺？直是放债取利尔……以此而言，秋料钱可以罢而不散。"欧阳修对青苗钱做了具体的分析，他所不赞成的只是"俵散秋料钱"。他的这些意见是完全正确的。也正是基于这种认识，欧阳修在上奏札的同时，擅自命令在他所管辖的京东东路停止散发秋料青苗钱。

欧阳修一面"奏陈"，一面"擅止"。"奏陈"已为执政者所不喜，而"擅止"更为执政者所不容。青苗法是国家公布推行的法令，不经请示批准而"擅止"，就算是犯了法，应该得到擅止之罪。据说欧阳修此举深为王安石所诋毁。但朝廷宽大为怀，因其是有功的老臣而"特予赦免"，并未真的治罪，欧阳修为此还写了一份《谢擅止散青苗钱放罪表》。尽管他口头上认了错，但内心并不服气，于是，他又屡上表札，请求致仕（退休）。

后世有人据此说欧阳修"保守"，理由很简单：王安石是变法、革新的，欧阳修反对青苗法，所以是"保守"的。此说极不公平。首先，欧阳修对青苗法并未一概否定，他只是反对政府言行不一，反对"抑配"和"俵散秋料钱"，而他的意见无疑是正确的，批评青苗法的弊端，其根本出发点是为种田百姓考虑的。青苗法的弊端，在当时即有不少人提出意见，如苏辙、陆游的祖父陆佃等，就连最为服膺王安石的近代学者梁启超也说："青苗法者，不过一银行之业耳。欲恃之以摧抑兼并，其收益至为微末。"他认为，青苗法的弊端，只有"韩魏公（琦）、欧阳公（修）之奏议，言之至详，殆可称公（王安石）之诤臣（谏诤之臣）也"。此说较为客观、公允。

以直报怨

欧阳修一生多以直道结怨于群小，屡遭诽谤而被贬逐，但他个人修养极好，从不对诬陷过自己的人耿耿于怀，更不伺机报复。他曾说自己平生学习所得，觉得"惟平心无怨恶为难"，即是说，人生最难的事是能平心静气不去怨恨为恶之人。他引孔子"以直报怨"的话自勉，从不带个人喜怒情绪对人对事，即使是曾经要置他于死地的仇人，事过之后，也心中坦荡，没有丝毫敌意。

如欧阳修被贬滁州，完全是谏官钱明逸捏造绯闻所致。滁州之贬，是欧阳修仕途中所遭遇的最为沉重的打击之一，按说，他视钱明逸为仇人，至死对其一辞不恕也不为过。但欧阳修并没有这样做。十余年后，欧阳修在辗转数州后回到朝廷，在京城遇到钱明逸，丝毫不以为意，多次同钱明逸一起宴饮，宛如老朋友。后来欧阳修在中书省任参知政事，而钱明逸从秦州罢官归来，欧阳修不计前嫌，复用其为翰林学士。

再如御史蒋之奇。蒋之奇妄诬欧阳修与儿媳有暧昧关系，使身为宰辅的欧阳修声誉和身心均遭极大伤害。对这样的小人，欧阳修也没有视之如寇仇。欧阳修知青州、充京东东路安抚使时，蒋之奇哥哥蒋之仪知临淄县，欧阳修正是他的顶头上司。蒋之仪"为二司所不喜"，被人诬告。蒋之奇以此事拜托欧阳修。欧阳修经过认真了解，知道蒋之仪没有其他大问题，于是尽力保全了他。

再如对吕夷简。奸相吕夷简结党营私，以"党人"诬陷范仲淹等，欧阳修也大受其累，是欧阳修货真价实的政敌。他在相位二十余年，使国家内外交困，几乎坏了天下。对其罪恶，欧阳修到吕夷简致仕都毫不宽恕，称之为"奸邪巨蠹"。而对于吕夷简的儿子吕公著，欧阳修并不因其父之罪而对其心怀偏见，而是实事求是地予以推荐。如其在《荐王安石吕公著札子》中称："司封员外郎吕公著，是夷简之子，器识深远，沉静寡言，富贵不染其心，利害不移其守。""公著性乐闲退，淡于世事。"于是竭力推荐他出任谏官之职。

于此可见，欧阳修在对待恶人的问题上，是极有原则和分寸的：凡损害国家利益的恶人，他是决不宽恕的；而对于那些伤害过，甚至是恶意伤害自己的人，事情过去也就过去了，确能做到胸怀坦荡，不计个人恩怨，"以直报怨"，充分显示了他的君子风度。

不遗余力举贤才

欧阳修出身于贫贱之家，其青少年时求学求仕之不易，使其深知才德之士要想为国家所用，必须有得力之人的引荐。国家处于积贫积弱之时，官僚中冗吏庸吏太多，而宋仁宗为改变国家的困局又表示要广开言路和才路，这也为欧阳修引荐奖掖后进之士提供了较好的客观条件。

欧阳修重视人才，首先表现在他对苏氏父子及曾巩、王安石的引荐和拔擢上。嘉祐二年（1057），欧阳修知贡举，他在痛抑"险怪奇涩之文"、弃黜刘几之流的同时，写质朴之文的苏氏父子及曾巩等格外受其青睐。这一榜，他录取了苏轼、苏辙和曾巩，同时，在此前后，又大力推荐苏洵和王安石，使苏氏父子一时名满京都。相传他录取了苏轼之后，十分兴奋，连呼："快哉，快哉！""可喜，可喜！"并对他的儿子说："再过三十年，就不会有人说起我了。"显然对苏轼抱有极大的期望。欧阳修利用执掌文坛的机会，大力提拔才德之士。一次知贡举，录取了三人，推荐了二人，这样，唐宋八大家中的宋代六大家就聚齐了，为其开展诗文革新运动组建了基本的班底。

欧阳修一生，以举荐贤才为己任，凡其所知道的，不论认识与否，都极力举荐；凡有一点长处者，皆随其所长而称之。如福州处士陈烈，"素不与公相识，公闻其名，知其行义，屡荐于朝，乞赐召用。朝廷即召烈，为国子监直讲"。此外，如其《荐布衣苏洵状》《举章望之曾巩王回等充馆职状》《举丁宝臣状》《举司马光札子》《举宋敏求同知太常礼院札子》《举刘义叟札子》《举陆询武札子》等。所荐之人，不胜枚举。而这些被称荐者，后来多为一时名人。另据神宗《重修实录本传》载："嘉祐间，朝廷进人之路狭。修建言以馆多蓄人材。后诏韩琦、曾公亮各举六人，欧阳修、赵概各五人，一时得士为多。"

欧阳修不愧为伯乐，举人之多，看人之准，一时无出其右者。他不仅为朝廷举荐了一批德才兼备的官员，而且也为自己的诗文革新运动组建了一支浩浩荡荡的队伍。他之所以能成为一代贤臣，成为文坛无可争议的领袖，出于公心举荐贤才，奖掖后进，是其成功的重要因素。

果敢刚正之气节

欧阳修从政四十余年，历仁宗、英宗、神宗三朝，一生处于政治斗争的旋涡之中，不愧为大宋之贤臣。任馆阁校勘时，因切责谏官高若讷而被贬为夷陵令；庆历年间，仁宗开言路，纳贤才，增设谏官，欧阳修"首预其选"，任左司谏，敢于犯颜直谏，支持庆历新政，被小人诬为朋党，遂写《朋党论》以斥奸佞，上《论杜衍范仲淹等罢政事状》以揭露奸佞阴谋，为小人诬陷而贬知滁州；又曾力排众议不废麟州，反对回黄河水东流。欧阳修的一系列孤行之举，惹人不少，结怨颇多，然其直言敢谏，廉洁忠正，却颇得仁宗皇帝青睐。有一次，仁宗论及当世人才之事，眼盯着欧阳修说："如欧阳某者，岂易得哉！"尝欲大用而未果。及欧阳修为河北都转运使，面辞仁宗，仁宗再三叮咛：不要做长久任外职的打算，有事随时相告，不要以内外为意。欧阳修后入翰林院，一日，仁宗偷闲见御春阁帖子，读而爱之。左右告诉他是欧阳修所写，仁宗取读了宫中所有帖子，见其篇篇有意，叹曰："举笔不忘规谏，真侍从之臣也。"此后，凡学士院所进文字，仁宗必问是谁所写，如是欧阳修之笔，

"必详览之，每加叹赏"。欧公权知开封府，"一切循理"，即使是"贵戚犯禁令也必置于法"；即使有皇帝的诏命，他也有所不从，而且将犯罪者罪加一等。仁宗晚年，皇太子久久未立，欧阳修从国家大局出发，多次上疏请选立皇子以固天下根本，言辞激切，最终说服仁宗立英宗为皇子。英宗即位后，太后垂帘听政，英宗称病不视事。身为参知政事的欧阳修又多次协调太后和英宗关系，使英宗得以亲政。

英宗亲政后，欧阳修作为辅弼之臣，遇大臣有事未决，他即据理力争，谏官们在政事堂论事，欧阳修也"往往面折其短"。对此，英宗曾当面称赞欧阳修"性直不避众怨"。

欧阳修去世后，朝廷给他的《谥（shì）诰》中说："盖太师天性正直，心诚洞达明白，无所欺隐，不肯曲意顺俗，以自求便安。好论列是非，分别贤不肖，不避人之怨诽狙（jū，窥视）嫉，忘身履（lǚ）危，以为朝廷立事。"《神宗旧史本传》也称："修性刚直，处善恶，黑白明。遇事直前，不避机穽（jǐng，陷阱）。其放逐流离者屡（多次）矣，而复振起，志气犹自若也。"

王安石曾因欧阳修批评并擅止青苗法大为不满，但其在《祭欧阳文忠公文》中还是对欧公做出了实事求是的评说："自公仕宦四十年，上下往复，感世路之崎岖；虽屯邅（zhūn zhān，困顿不得志）困踬（zhì），窜斥流离，而终不可掩者，以其有公议之是非。既压复起，遂显于世。果敢之气，刚正之节，至晚而不衰。"这"果敢之气，刚正之节"，可以说是欧阳修立身行事的精神力量，显示了他的浩然正气。

"六一居士"和"文忠"

欧阳修除了"醉翁"的名号外,知名度极高的称谓尚有"六一居士"和"文忠"。此二称谓又有何来历?

欧阳修晚年又自号"六一居士"。英宗即位,欧阳修即多次上表乞放外任,乞避位(辞参知政事之职),未获批准。神宗即位后,欧阳修在被诬事件真相大白后,又多次请求退位,神宗恩准他辞去参知政事之职,出知亳州(今安徽亳州)。神宗熙宁二年(1069),改知青州(今山东益都),兼任京东东路安抚使。王安石变法后,欧阳修上疏批评青苗法的弊端,并擅止执行青苗法,遭到王安石的不满和朝廷的批评,虽未治罪,但欧阳修对时局更加失望,也更渴望身退,于是又自号"六一居士"以明其志。何谓"六一居士"?欧阳修在其《六一居士传》中有详细记述:"六一居士初谪滁州,自号醉翁。既老而衰且病,将退休于颍水之上,则又更号六一居士。客有问曰:'六一,何谓也?'居士曰:'吾家藏书一万卷,集录三代以来金石遗文一千卷,有琴一张,有棋一局,而常置酒一壶。'客曰:'是为五一尔,奈何?'居士曰:'以吾一翁,老于此五物之间,是岂不为六一乎?'"一位老翁,置身于琴、棋、书、文、酒之间,即为"六一"。这是欧阳修虽在其位而不想谋其政的生存状态的真实写照,也是他自己所能追求到的最大乐趣。在此文中,他也坦诚地对客人诉说自己为"世事"所累之苦:"轩裳珪(guī,玉器)组(指做官)劳吾形于外,忧患思虑劳吾心于内,使吾形不病而已瘁,心未老而先衰"。所以离开官场,回到田园,正是欧阳修的不移之志。

欧阳修于熙宁四年(1071),以观文殿学士、太子少师致仕,退居于颖州（今安徽阜阳）西湖之滨。熙宁五年（1072）病逝，终年六十六岁，追赠太子太师，谥号"文忠"，故世称欧阳文忠公。那么，给欧阳修的谥号又何以定为"文忠"？这在朝廷给欧阳修的《谥诰》中讲得十分明白："公维圣宋贤臣，一世学者之所师法。明于道德，见于文章，究览六经群史。诸子百氏，驰骋贯穿，述作数十百万言，以传先王之遗意。其文卓然自成一家，比司马迁、扬雄、韩愈无所不及而有过之者。方天下溺于旧习（骈文），为章句声律之时，闻公之风，一变为古文，咸知趋尚根本，使朝廷文明不愧于三代汉唐者，太师之功；于教化治道为最多，如太师真可谓文矣。""忠，亦太师之大节。太师尝参天下政事，进言仁宗，乞早下诏立皇子，使有明名定分以安人心……以为朝廷立事。按谥法：道德博闻曰文，廉方公正曰忠。今加忠以丽文，宜为当。"可见，"文"指其道德文章，"忠"指其从政事功。欧阳修既是清官忠臣，又是文坛领袖，谥曰"文忠"，欧公足以当之。

"穷而后工"之说

唐代的韩愈提出了"不平则鸣"的文学命题，对社会现实、作家经历和文学创作的关系作出了颇为精辟的论述。欧阳修登上文坛之际，骈文之风正盛，而写古文者的怪癖之风亦颇盛，正是苏轼所谓"余风未殄（tiǎn，灭绝），新弊复作"（《上欧阳内翰书》）。针对这一局面，欧阳修力主通过改变文章内容来改变文风，就是要革除时文"但取空言，无益时事"的弊端。他认为古文创作必须面向现实，反映现实，从而明确提出了"切中时弊，不务空言"的创作要求。

欧阳修深受韩愈"愁思之声要妙""穷苦之言易好""不平则鸣"等

说法的影响和启发，又通过对自己和梅尧臣、苏舜钦等人生活和创作道路的回顾与总结，提出了"穷而后工"的观点。他在《梅圣俞诗集序》中说："凡士之蕴其所有，而不得施于世者，多喜自放于山巅水涯之外，见虫鱼草木、风云鸟兽之状类，往往探其奇怪；内有忧思感愤之郁积，其兴于怨刺，以道羁臣寡妇之所叹，而写人情之难言；盖愈穷则愈工。然则非诗之能穷人，殆穷者而后工也。"这就明白地告诉人们："作诗"和"命穷"之间并无必然联系，"穷者"之言所以精工，主要是在于他们把长期郁积在胸中的忧思感愤之情，寄托于虫鱼草木、风云鸟兽等自然之物中，通过语言表达出来，产生一种怨刺、讽喻的社会作用，这就是穷者之言易工的道理，诗如此，文亦如此。

在欧阳修去世的前一年，他在为其岳父薛奎文集所写的序中，再次表达了这一思想。文章指出：在社会上的"君子"中存在着两种人："或施之事业"，或"见于文章"。前者为得志之士，他们致力于建功立业，扬名于世，而以文章为"末事"，无暇也无能力过问；后者多为失志之人，他们"穷居隐约，苦心危虑，而极于精思，与其有所感激发愤，惟无所施于世者，皆一寓于文辞，故曰穷者之言易工也"。

"穷者之言易工"，这就从另一个角度阐述了现实生活、作家经历与文学创作之间的关系，正确揭示了"穷"和"工"之间的内在联系。"穷而后工"是韩愈"不平则鸣"观点在新的历史条件下的新发展，是欧阳修对文学理论的新贡献，对于指导正确的文学创作之路，具有较强的现实意义。

文笔生动的《归田录》

《归田录》是欧阳修所撰写的一本笔记（亦称笔记小说）。此书成稿于治平四年（1067），全书共有一百五十五条，多写北宋前期人物事迹、官职制度、官场佚闻、士大夫的诙谐言谈等，唯不记他人之过失。

那么，此书为何以"归田"为名呢？原来这与欧阳修的经历和思想大有关系。早在仁宗皇祐元年（1049）任颍州知州时，因喜颍州之山水，已萌生归田退休之意。皇祐二年（1050），他改知应天府，但仍约梅尧臣在颍州置买了田地。治平四年（1067），御史彭思永、蒋之奇诬其与儿媳有染，后事虽真相大白，但他更思急流勇退。这从其所写《归田录序》中看得十分明白：他说自己从任枢密副使、参知政事至今已经八年了。"既不能因时奋身，遇时发愤，有所建明，以为补益，又不能依阿取容，以徇世俗。使怨疾谤怒丛于一身，以受侮于群小。"并说自己"方其壮也，犹无所为，今既老且病矣，是终负人主之恩，而徒久费大农之钱，为太仓之鼠也"。正因为不愿坐享高官厚禄，做窃食官府粮仓中的老鼠，而请求退隐，"优游田亩，尽其天年"。这里集中体现了他晚年思想上的矛盾与痛苦。他从治平元年（1064）起就一再请求外放，从熙宁元年（1068）起，更接连上表请求退休，给此书起名为《归田录》，正是此意。

《归田录》原有八卷，但今传只有两卷。原因何在呢？原来欧阳修所写《归田录》的内容多为自己耳闻目睹之事。据说书未完稿而消息已传到朝廷。听说欧阳修这位文坛泰斗写书，宋神宗颇感兴趣，于是就派人前往索取。欧阳修害怕因文中涉及政事而引火烧身，所以便将书中有关时政及个人经历的内容统统抽去。抽去之后，又觉内容太少，于是又临时补上了一些杂记、嬉笑等无关紧要的内容来充数，以此上呈朝廷。存世的两卷本很可能就是呈朝廷之本，而其原写本则未能流传下来。

　　欧阳修此书的原貌已无由窥得，确为一大憾事。然即以今之流行本而论，仍不失为一本极有价值之作。此书文章大多短小精悍，或叙遗闻佚事，或记名物典章，或借题发挥，均写得生动活泼，情趣不尽；并不时伴有精彩的细节描写和人物刻画，如《卖油翁》之写卖油老人娴熟的酌油技巧；郭进受赏一条，反映宋初君臣之间坦率互信的良好关系；孙仅因诗被诬一条，更反映了历来文人以文字肇（zhào，引起）祸之可怕，表达了欧阳修深恶诬告者的思想；钱惟演和宋绶厕所读书的故事，更说明天才来自勤奋。这些作品，文笔简易，形象生动，含意深蕴，颇富文采。

　　笔记小说在宋代取得了令人瞩目的成就，而欧阳修的《归田录》则是开风气之先的作品。此后如沈括的《梦溪笔谈》、苏轼的《东坡志林》、陆游的《老学庵笔记》、庄季裕的《鸡肋篇》、周密的《癸辛杂识》、岳珂的《桯（tíng）史》等相继问世，异彩纷呈，是宋代散文的新收获，对后世文学特别是晚明小品有着直接的影响。

成如容易却艰辛

　　欧阳修写文章，务求自然平淡，"简而有法"。他在《与渑（miǎn）池徐宰书简》中说："著撰苟多，他日更自精择，少去其繁，则峻洁矣。然不必勉强，勉强简节之，则不流畅，须待自然之至。"由此可知，他力求"精择"文章使其"峻洁"，但又要"流畅"，做到"自然之至"。他要求文章要"简而有法"。在《论尹师鲁墓志铭》中，他提出要"文简而意深""其语愈缓，其意愈切"，即要求文章要用意深刻而语言简明。这是欧阳修对文章语言的要求，也是他一生奉行不渝的写作原则。

欧阳修一生著述甚丰，但其创作态度却十分严谨。据说，他即使是写一二十字的小柬，也要打草稿，绝不草率从事。在《归田录》卷二中，他曾自述："余平生所做文章，多在三上，乃马上、枕上、厕上也。盖惟此尤可以属思耳。"所谓"属思"，即是说唯有此时才有工夫去深思熟虑。他的这"三上"说已成为宋代文坛的佳话。除"三上"外，欧阳修更提倡为文要"三多"。陈师道在其《后山诗话》中引用欧阳修的话说："为文有三多，多看，多做，多商量。"意思是说，要写好文章，就要多读、多写、多与他人切磋。他在《题青州山斋》这篇短文中，如实记叙了自己因写不出与前任不同的表现同一内容的作品而引为终身之恨。

欧阳修修改自己文章的生动例子不胜枚举。周必大在《欧阳永叔集跋》中说："前辈尝言公作文，揭之壁间，朝夕改定。"写完文章挂在墙上，不时看，朝夕改，以求尽善。最为人们传诵的，莫过于他修改《醉翁亭记》的事例了。朱熹的《朱子语类》卷一三九载："顷（近来）有人买得他《醉翁亭记》稿，初说滁州四面有山，凡数十字，末后改定，只曰'环滁皆山也'五字而已。"范公偁（chēng）在其《过庭录》中记载了欧阳修修改《昼锦堂记》的故事：韩琦做宰相时修了昼锦堂，欧阳修为其作记，有"仕宦至将相，富贵归故乡"之语，韩琦特别爱赏。但数日后，欧阳修又派人送去了一个本子，并特别嘱咐，原来的本子有不妥之处，请换此本。人们研究了半天，只发现在"仕宦"和"富贵"下面各添了一个"而"字，使文章更加流畅。为添两个虚字使文义畅达而另送别本，足见其文风严谨，一丝不苟。其他如晚年犹对其庆历二年（1042）时所写的《本论》加以删定，他于仁宗皇祐年间为其父母所写

《先君墓表》，直至神宗熙宁三年（1070）才精心改定为其传世名作《泷（shuāng）冈阡（qiān）表》。

欧阳修为什么如此严肃认真地反复修改自己的文章？沈作喆（zhé）《寓简》中所记一个故事似乎可以告诉我们答案："欧公晚年，尝自窜定平生所为文，用思甚苦。其夫人止之曰：'何自苦如此，尚畏先生嗔（chēn,生气）耶？'公笑曰：'不畏先生嗔，却怕后生笑。'"他之所以到晚年还苦改平生为文，不是怕老师嗔怪，而是怕后人耻笑，是怕自己偶有疏忽，用心不到，留下遗憾。可见，他写文章不但为自己负责，还要为社会负责，为后人负责！

欧阳修的文章平易自然，委婉曲折，那么"容与闲易，无艰难劳苦之态"，靠的不是天才，而是严肃认真的态度。"看似寻常最奇崛，成如容易却艰辛。"王安石在《题张司业》这首诗中的两句话，可以帮助我们找到欧阳修成功的秘诀。

小档案

欧阳修（1007—1072），字永叔，自号醉翁，晚年又号六一居士，庐陵（今江西吉安）人。熙宁五年（1072）病逝，谥号文忠，世称欧阳文忠公。

欧阳修从政四十年，经历了仁宗、英宗、神宗三朝，曾经身居要职，也曾多次贬官。早年，他是范仲淹政治革新的积极鼓吹者和支持者，他反对因循苟且的社会风气，提倡改革吏治，反对对外屈辱苟安，力主加强战备，主张实行宽简政治，并排斥佛老。晚年对王安石变法也曾有过批评，堪称一位正直、廉洁、光明磊落的封建政治家。

欧阳修是著名的文学家，是唐宋八大家之一，北宋诗文革新运动的领袖人物。他在思想和文学方面都推崇韩愈，重道而不轻文，主张写文章要"切于事实"。反对西昆派的浮艳，也反对某些古文家的奇涩险怪文风，大力提拔、奖励古文作者，成为当时文坛的核心人物，对北宋一代文风的改变起了极其重要的作用。

欧阳修名段名言

　　大凡君子与君子以同道为朋，小人与小人以同利为朋，此自然之理也。(《朋党论》)

　　若夫日出而林霏开，云归而岩穴暝，晦明变化者，山间之朝暮也。野芳发而幽香，佳木秀而繁阴，风霜高洁，水落而石出者，山间之四时也。(《醉翁亭记》)

　　盖愈穷则愈工。然则非诗之能穷人，殆穷者而后工也。(《梅圣俞诗集序》)

　　盖夫秋之为状也，其色惨淡，烟霏云敛；其容清明，天高日晶；其气栗冽，砭人肌骨；其意萧条，山川寂寥。故其为声也，凄凄切切，呼号愤发。丰草绿缛而争茂，佳木葱茏而可悦。草拂之而色变，木遭之而叶脱。其所以摧败零落者，乃其一气之余烈。(《秋声赋》)

　　忧劳可以兴国，逸豫可以亡身，自然之理也。(《五代史伶官传序》)

　　夫祸患常积于忽微，而智勇多困于所溺。(《五代史伶官传序》)

曾巩：儒学世家之才子，文章风靡于后世

他没有突出的政见，却是一位淡泊名利的醇儒；他为文主张先道后文，是后世"正统派"古文家喜欢追模的对象之一。

儒学世家的才子

曾巩在《上欧阳修学士第一书》中称自己"家世为儒"。他的曾祖父曾仁旺，赠尚书水部员外郎；祖父曾致尧，曾任尚书户部郎中，直史馆，赠右谏议大夫；父亲曾易占，为太常博士，赠光禄卿。看来他的家庭和杜甫、韩愈略同，世代奉儒守官。这样的家庭，带给他的无疑是良好的教育和儒学的影响。

曾巩自幼"警敏""不类童子，读书数百千言，一览辄诵"（《行状》）。《宋史·本传》也说他"读书数百言，脱口成诵"，看来确实不同于一般孩子，是一位过目不忘的神童。"年十有二，日试六论，援笔而成，辞甚伟也。未冠（不到二十岁），名闻四方。"林希为其所撰《墓志》亦称："十二岁能文，语已惊人，日草数千言。"说他十二岁就能援笔成文，并且"辞甚伟""日草数千言"，看来有夸大之嫌，倒是他自己说的比较客观："予幼则从先生受书，然是时，方乐与家人童子嬉戏上下，未知好也。十六七时，窥六经之言，与古今文章有过人者，知好之，则于是锐意欲与之并（决心想与之并驾齐驱）。"按他自己的说法，他小时候跟先生读书，也和一般孩子一样，喜欢与家人童子嬉戏玩耍，不甚好读书，到了十六七岁，始知爱好六经及古人文章的"过人者"，并立志努力学习。

不管是曾巩十二岁就文辞甚伟，还是十六七岁立志要为追六经及古人文章之过人者，都说明一个事实：曾巩少年时期已开始写作，并对文章的好坏有相当高的见识。他起码从十六七岁开始，写作已有了明确的榜样，并立下了宏伟志向。此后他的文章就有了长足的进步。"始冠游太学，欧阳公一见其文而奇之。"曾巩二十岁以后游京师，已经文名满天下的欧阳修在京任馆阁校勘，修《崇文总目》。曾巩曾给欧阳修写信，并"献杂文时务策两编"，一面称赞欧阳修的道德文章，一面向欧阳修表白自己的志节。欧阳修"见其文奇之"应在此时。

二十岁左右的曾巩，其文章能得到欧阳修的赏识，已属不易；欧公又"奇之"，并接见了他，还写文章送他，更是不同寻常的礼遇，若非有过人之处，欧公不会如此高看他。可见，曾巩不愧是一位名符其实的才子。

漫漫求仕之路

在封建时代，知识分子的唯一出路就是读书考科举，入仕做官。在唐宋八大家中，除苏洵是没中进士、由朝廷直接给官外，其他七位均为进士出身。中进士的年龄分别为：韩愈二十五岁，柳宗元二十岁，欧阳修和王安石二十三岁，苏轼二十一岁，苏辙十九岁，而曾巩则是三十九岁。那么，曾巩何以几近不惑之年才考中进士呢？原因有二：一是生计之累，二是命运不济。说他命运不济，是他分别于二十四岁、三十五岁时两次参加进士考试，都因不对主考官的口味而名落孙山。曾巩虽是"千里马"，但不遇伯乐，也只好"骈死于槽枥"之间。这里我们主要说说他的生计之累。

曾巩八岁时生母去世。十八岁时，在外做官的父亲因得罪上司而被罢官家居，前后赋闲十二年。曾巩有一个九十岁的祖母，六十多岁的多病父亲，一个无力支撑家庭的哥哥，另有四个弟弟和九个妹妹。一家的生活重担全落在曾巩的肩上。养老，供弟弟们读书，还要操持九个妹妹的婚事，他的日子实在艰难。在生存与仕途的矛盾中，他理智地选择了生存——养家。曾巩三十二岁才结婚，这在当时绝对是晚婚了。生活的重压，使他失去了很多好机会。他在给欧阳修的信中就陈述过自己的苦衷："祖母日愈老，细（小）弟妹多，无以资衣食，恐不能就其学，况欲行其他耶？"生计问题都难以解决，实在无暇顾及其他。

后来他父亲得到朝廷的诏书，他就陪着父亲到了京城，但不久他父亲便突然去世。举目无亲的曾巩根本无力埋葬他的父亲。他向已退休的宰相杜衍求援，杜衍慷慨解囊，出资安葬他的父亲，解了他的燃眉之急。他在感谢杜衍的《谢杜相公书》中如实讲述了他当时的处境："以孤独之身，抱不测之疾，茕茕（qióng qióng，孤单，无依靠）路隅，无攀援之亲，一见之旧，以为之托。又无至行，上之可以感人利势，下之可以动俗。"自己既无亲戚，又无动人之言行可以让当权者相助，也不可能让普通百姓来帮助，着实狼狈。

安葬了父亲，曾巩回到家乡，生活完全陷入绝境。幸得当地知州出资帮他买了田地，才使他绝处逢生。

曾巩在生活和科场上都遇到了极大的困难，但他始终不怨天尤人，不抱怨命运不公，一向严于责己。如他二十四岁时考进士落第，这对他是一个不小的打击，但他一不非议那些考中的举子，二不埋怨主考官，而只是表示：自己回去之后，"思广其学而坚其守"，即是说，要增广自己的学问，坚持自己的操守，以备再来考试。他的表现使欧阳修"初骇其文，又壮其志"（《送曾巩秀才序》）。欧阳修不但为其文章写得好而惊讶，而且又觉得其壮志可嘉。曾巩落第回家后，一面照顾家里的生计，一面努力学习，增进自己的学识。三十五岁那年，他再次向进士考试进军，他和他的哥哥一齐参加考试，结果是双双名落孙山。怀着失落的心情回到家乡，又遭乡人的冷嘲热讽。当地有人编了个歌谣："三年一度举场开,落杀曾家两秀才。有似梁间双燕子,一双飞去一双来。"这种尖刻的讽刺挖苦,曾巩丝毫不为所动。他不但自己努力,而且教育自己的几个弟弟也不要怠惰。他置流言蜚语于不顾,坚持自己的理想,坚持走自己的道路。从十八岁到三十九岁,整整二十一年的时间,曾巩不懈努力,克服了生活困苦、科场失意和社会舆论的种种阻力,终于等到了崭露头角的时刻:嘉祐二年(1057),欧阳修主持进士考试,曾巩一举高中,不但他考中了,而且他的一个亲弟弟、一个堂弟、两个妹夫也同榜考中了进士。

曾巩三十九岁中进士,算是大器晚成;但他多年来已经文名大著,这次考中进士,也应该说是水到渠成。林希在《曾巩墓志》中写道:"由庆历至嘉祐初,公之声名在天下二十余年,虽穷阎绝徼(jiào,偏远地区)之人,得其文手抄口诵,惟恐不及,谓公在朝廷久矣。而公方以乡贡中进士第……"说明他虽然居于远离京城的江西,又无功名,但文章已传遍天下,许多人误以为他已在朝廷做官多年了。

历尽坎坷,曾巩终于在不惑之年到来之前,结束了长达二十多年的求仕之路,开始了他艰难的仕途生涯。

初交欧阳修

曾巩最初与欧阳修交往,应在他二十岁以后。当时欧阳修在京任馆阁校勘、集贤校理。曾巩给欧阳修写信,并"献杂文时务策两编"。

这封信的主要内容有两部分:第一部分是称赞欧阳修的道德文章。古人评价知识分子的标准主要有二:一是道德,二是文章。曾巩在信中说:"巩自成童,闻执事之名,及长,得执事之文章,口诵而心记之。"

可见他是早闻欧公大名，且熟读欧公文章。他认为欧阳修的文章张扬儒家思想，"拨正邪僻"，"其深醇温厚"，堪与孟子、韩愈相唱和。"真六经之羽翼，道义之师祖也"。欧阳修不仅文章写得好，而且德行昭著。"又闻执事之行事，不顾流俗之态，卓然以体道扶教为己务……信所谓能言之，能行之，既有德，而且有言也。韩退之没，观圣人之道者，固在执事之门矣。"意思是说，欧阳修不顾流俗，以扶树儒道为己任，不但能说，而且能行。韩愈之后，能守圣人之道者，唯有欧阳修了。曾巩初出茅庐，能对欧阳修的道德文章有如此的看法和评价，确非一般人所能做到。文章的第二部分是向欧阳修表白自己为人的志气和节操。"巩性朴陋（朴实、单纯），无所能似，家世为儒，故不业他（不治他业）。自幼迨（dài，到）长，努力文字间，其心之所得，庶不凡近……惟其寡与俗人合也，于公卿之门未尝有姓名……抱道而无所与论，心常愤愤悱悱，恨不得发也。"表明自己与世俗不合，不攀附权贵，抱道自守，无有知己。若能因书信而投欧公门下，即可因此而得圣人之真传。曾巩这"不凡近"的心志，颇得欧阳修的赏识。欧阳修接信后，接见了曾巩，并对他说："过吾门者百千人，独于得生为喜。"欧阳修以得到曾巩最为高兴，说明他对曾巩人品、才学的认可。大约也在此时，曾巩游太学，并参加了进士考试，结果是名落孙山。

　　曾巩科场失意，与欧阳修告别，欧阳修写下了《送曾巩秀才序》一文。文中说曾巩见弃于有司，但并不怨天尤人，而是表示回去之后要"广其学而坚其守"。欧阳修既对曾巩带来的"数十万言"文章十分惊叹，又壮其志。欧阳修在文中说：曾巩不被京师之人接纳，"有司又失之，而独余得也……使知生者，可以吊有司，而贺余之独得也"。曾巩虽见弃于有司，但得到欧公之赏识，给予了很高的礼遇。这对曾巩和欧阳修来说，都无疑是一件幸事。

欧阳修此序作于仁宗庆历二年（1042）。时欧阳修三十六岁，曾巩二十四岁。这一段虽是他们的初交，但彼此推心置腹，结下了他们此后数十年的师生之谊。

力荐王安石

曾巩是南丰人，王安石是临川人，但曾巩后来长期居住在临川。曾巩在《上齐工部书》中说："巩世家南丰，及大人谪官以还，无屋庐田园于南丰也。祖母年九十余，诸姑之归人者多在临川，故祖母乐居临川也，居临川者久矣。"因祖母喜居临川，而南丰又无家产，故全家迁至临川。如此说来，他和王安石也算是老乡了；曾巩比王安石大两岁，可谓年相若；他们的主导思想都是儒学，可谓道相近，但在仁宗庆历二年（1042）参加进士考试前，他们并不相识。这次考试的结果：二十二岁的王安石考中，二十四岁的曾巩落榜，也就是在此期间，曾巩结识了王安石。两人一见如故，彼此倾慕。王安石曾写过一首诗《赠曾子固》，在诗前的小序中，王安石说他仰慕曾巩，从他身上学到了儒家的中庸之道。在诗中，王安石写道："曾子文章众无有，水之江汉星之斗……借（假）令不幸贱且死，后日犹为班与扬。"不但称颂曾巩的文章如地上之江河与天上之星斗，而且说曾巩这个人就是死了，他也是班固和扬雄，会流芳百世，对曾巩评价极高。而慧眼独具的曾巩看出王安石是国家的栋梁之材，人才难得，于是不顾自己的落榜之痛，一再向一些名人推荐王安石。

他曾写信给翰林学士蔡襄，信中写道："巩之友王安石者，文甚古，行称其文，虽已得科名，然居今知安石者尚少也。彼诚自重，不愿知于人。然如此人，古今不常有。如今时所急，虽无常人千万不害也。顾如安石，此不可失也。执事倘进于朝廷，其有补于天下。亦书其所谓文一编进左右，庶知巩之非妄也。"他认为王安石是一个"有补于天下"的人，但刚中进士，名气还不大，希望蔡襄向朝廷推荐这个古今少有之人。曾巩出于公心，推荐王安石，此举令人感动。但他感到推荐的力度还不够，于是他又把王安石推荐给了欧阳修。在《上欧阳舍人书》中，他几乎一字不易地重复了给蔡襄信中对王安石的介绍，希望欧阳修向朝廷推荐此人。但事不凑巧，此信到达欧阳修处，欧阳修出为河北都转运按察使，没有回复。然而曾巩并未忘却此事，他在《再与欧阳舍人书》中，又追述了上封信中的这段话，又力荐王安石，并向欧阳修推荐了王回和王向。他还向欧阳修表明："而巩汲汲言者，非为三子者计也，盖喜得天下之材，而任圣人之道与世之务。"曾巩再三推荐王安石，足见他对王安石的器重。

后来，曾巩在《与王介甫第一书》里又说："巩至金陵，自宣化渡江来滁上（指滁州），见欧阳先生，住且二十日……欧公悉见足下之文，爱叹诵写，不胜其勤。间以王回、王向文示之，亦以书来，言此人文字可惊，世所无有……欧公甚欲一见足下，能作一来计否？"可见，欧阳修被贬滁州后，曾巩到滁州见欧阳修，住了二十多天，亲自将王安石的文章给欧阳修看，得欧赏识，并向王安石转达欧阳修欲见他的信息，并力促王安石去见欧阳修。

曾巩推荐王安石，可谓不遗余力。曾巩亦可谓慧眼识珠，没有看错王安石这位国家栋梁之材。文人相轻，自古而然；文人相妒，自古而然。但曾巩为国家计，力荐王安石，表现了他的高风亮节和对王安石诚挚的友情。后来王安石得志，二人在政治上有分歧，关系逐渐疏远。

据《宋史·本传》载："神宗尝问（曾巩）：'安石何如人？'对曰：'安石文学行义，不减扬雄，以（因）吝（吝啬），故不及。'帝曰：'安石轻富贵，何吝也？'曰：'臣所谓吝也，谓其勇于有为，吝于改过耳。'帝然之。"这可以说是曾巩对王安石的中肯评价：文学成就高，勇于有所作为，但刚愎自用，吝于改过。曾巩可谓王安石之知音。

清官循吏

曾巩一生为官二十多年，既为州郡官吏十多年，辗转多州，又先后出任京官，虽时间不长，但也做到历代文人所向往的中书舍人一职，史称其晚年受神宗器重，未来得及受重用即辞世。但从当时的社会现实及曾巩的政治态度来看，其一生虽关心时局，但无突出的政治见解。从其一些政论文章看，如《唐论》《熙宁转对疏》《移沧州过阙上殿札子》等，其主要观点是泛称三代之制，赞扬后周和初唐的贞观之治，而对于北宋的社会现实并无多少见解。他不但对北宋中期积贫积弱的现实没有任何不满，而且还大加称颂，说什么"生民以来未有如大宋之隆也""今陛下履祖宗之基，广太平之祚（zuò，福），而世世治安。三代所不及，则宋兴以来，全盛之时，实在今日"。意思是说，大宋的兴旺是有史以来最好的，连传说中的尧舜禹"三代"也比不上宋代。这种盲目的颂圣，说明曾巩确实缺乏政治见识，更谈不上提出什么改革社会的建议。他虽和王安石政见不完全一致，但他在王安石变法期间正在各州主政，也未见其发表过什么具体意见。可见，曾巩确实不是一位好的政治家，这与欧阳修、王安石大不相同，甚至和三苏也有相当大的差距。

曾巩不是一位好的政治家，但不失为一位受人尊敬的清官循吏，史称曾巩转徙六郡均有政绩。今天看来，他确曾在地方上做过不少好事，但多是历来清官循吏之所为，如救灾、防疫、缉盗、维持社会治安等。

他在通判越州时就曾禁止乱收乡户的助役钱，灾荒年时，设法提前储备粮食，避免病疫传播等，使百姓顺利度过灾荒年。他在知齐州、襄州、洪州、福州、亳州等地时，都曾毫不手软地打击当地的恶势力，并将为首的绳之以法，为民除害，有效维护了社会治安，做到"民外户不闭，道不拾遗"。在襄州时，他还平反冤狱，对误判的死囚犯依法"即日纵去"，并释放犯人一百余名；在洪州，疾病蔓延，他想方设法，"自州至县镇亭传，皆储药以授病者。民若军士不能自养者，以官舍舍之，资其食饮衣衾之具，以库钱佐其费，责医候视……人赖以生"。其他各项兵役、徭役，他都想尽一切办法少收费、少扰民。由于他能考虑百姓生活，减轻百姓负担，令行禁止，所以社会秩序良好，以致"囹圄（监狱）屡空"。各州吏民"皆安其政，既去，久而弥（mí，更）思之"。

曾巩不仅能替百姓着想，尽职尽责，而且廉洁自律，不贪不腐。福州多佛寺，僧人们为利益而争当寺院住持，"赇（qiú，贿赂）请公行"。曾巩让僧人们"自相推择"，排出顺序，"以次补之"，谢绝一切私谢，也杜绝了身边人受贿之弊。其门生故吏，"以币交者，一无所受"，绝不收门生故吏送来的一分钱。他任福州知州，福州无职田（即职分田，古代按品级授予官吏作俸禄的公田），但每年"鬻（yù，卖）园蔬收其直（值），自入常三四十万"，即卖菜园的蔬菜可得三四十万钱。曾巩认为太守不可与民争利，停止了这一做法，其继任者也不再拿这笔钱。

曾巩的确不是一位政治上的风云人物，没有突出的政绩可言。但他为官数十年，无论在什么条件下，都能为百姓着想，严于律己，清正廉洁，在"文恬武嬉"、享乐成风的宋代，做官能如曾巩，确属难能可贵。

孝父母而抚弟妹

曾巩八岁,其生母吴氏病逝;十八岁时,其父因得罪权贵而被罢官家居十二年,生活来源断绝。他上有九十岁的祖母、父亲和继母朱氏,下有四个弟弟和九个妹妹,全家数十口人的生计都落在了曾巩的肩上,他"皇皇四方",承担起了养家的责任。

曾巩父亲抱病家居,曾巩事之甚孝。后朝廷诏其父入京,曾巩亦陪父亲入京;父亲突然病逝于京城,曾巩陷入绝境,最后求已退休的宰相杜衍资助,才埋葬了父亲。曾巩八岁丧母后,即由继母朱氏抚养。曾巩对继母感情很深,奉之甚孝。曾巩辗转地方官任上十多年,而继母居京城,离多聚少,为了能够侍奉继母,曾巩曾多次向朝廷请求改任京官或到靠近京城的地方任职,以便养亲,以尽人子之道。

元丰三年(1080),神宗召见曾巩,并让其留任京师,"齿发已衰"的曾巩才得以与老母相聚,共享天伦之乐,而元丰五年(1082)九月,其继母病逝,曾巩亦因守丧而罢去中书舍人之职。

曾巩不仅事父母甚孝,而且对众多弟妹也尽力抚养、尽力培育。不管家庭经济多困难,曾巩都自己承担,不让弟弟们为生计担忧,而能安心读书为文。在曾巩的督导下,他的四个弟弟曾牟、曾宰、曾布、曾肇都相继考中进士,特别是曾布曾任翰林学士、曾肇曾为尚书吏部郎中,这都与曾巩的抚养教育相关。与此同时,曾巩还为九个妹妹择婿完婚,而在他的九个妹夫中,有三位也考中了进士。

当然,曾巩对自己的子女教育也非常重视,除两个女儿早夭外,三个儿子曾绾(wǎn)、曾综、曾纲均考中进士入仕为官,到曾巩去世时,其六个孙子中的长孙曾慥（zhé）也已中进士入仕。

曾巩的父祖辈世代奉儒守官，为曾巩的成长提供了较好的家庭环境，而曾巩在极度困难的生存环境中，不仅孝敬祖母和父母，而且尽心抚育弟弟、妹妹；不但自己的学业没有耽误，考中进士，名闻天下，成为唐宋八大家之一，而且教育弟弟及子孙们都学业有成。像曾巩的弟弟、妹夫及儿孙中有如此多的人考中进士入朝为官，不仅在宋代，而且在其他朝代也极为罕见。这其中，曾巩的作用是不言而喻的。

正直严谨不媚俗

古代评说知识分子有两条普世标准：道德、文章。曾巩对其恩师欧阳修佩服之至，首先亦在于欧公的道德、文章。曾巩一生追随欧公，其道德、文章亦多有似欧之处。在道德方面，曾巩不愧为一位守道君子，一生严守儒家的道德规范。

曾巩是一个严谨正直的人。他在二十四岁时已经结识了欧阳修，并深得欧公的赏识，但直至十五年后，他才考中进士。十五年间他与欧阳修有相当亲密的交往，但从未利用欧阳修的名声和地位谋取个人的好处。即使是他在欧阳修主持进士考试时考中了进士，也是靠自己的本事，而不是靠与欧阳修特殊的师生关系。曾巩在考中进士前，不仅结识了欧阳修这样的前辈，交结了王安石这样才华出众、少年得志的朋友，而且和当时政坛一批风云人物如范仲淹、杜衍等都有书信往来，并投献文章、议论时政、陈述自己的为人处世态度等，但从未以"干谒"为目的求他们引荐。如他写于庆历五年（1045）的《上杜相公书》，书中说："今也过阁下之门，又当阁下释衮冕（脱掉官服）而归，非干名蹈利者所趋走之日，故敢道其所以然，而并书杂文一编，以为进拜之资。蒙赐之一览焉，则其愿得矣。"虽是给名相杜衍写信并投献文章，却是在杜衍、范仲淹等人因庆历新政失败而被贬黜离职之后，显然只是表明他的为人和政治态度，而绝无趋炎附势之意。曾巩在三十九岁中进士之前，家境是很不好的，他很需要做官，也更需要钱，但他并未为官、钱所诱惑而失去自我。

曾巩自在闾里，已关注天下之事，但到不惑之年才入仕做官，由于其耿直，不肯苟合世俗，所以转徙六郡，历十余年，并未晋升。人们都以为曾巩会因此而耿耿于怀，但他不以为意，处之泰然。曾巩每至一州，均立有规矩绳墨，不但自己身体力行，而且约束其部下不能有毫发出入。由于曾巩生性正直，故往往与任事者不合，而小人又乘机想排挤他。曾巩无论官职大小，也无论是在地方还是在朝廷，他都能"挺立无所附，远迹权贵"。由于他一贯虑患防微，不攀附权贵，自己行为端正，从不"废法自用"，所以小人也抓不到他的把柄，无法对其中伤、陷害，而曾巩也从不为小人的作为所动。

曾巩更严于交友之道。据其弟曾肇所撰行状载：曾巩"于朋友喜尽言，虽取怨怒不悔也。于人有所长，奖励成就之如弗及。与人接，必尽礼。有怀不善之意来者，竢（sì，同"俟"，等待）之益恭，至使其人心悦而去。遇僚属尽其情，未尝有所按谪（举劾、查办）……"。就是说，他对朋友能真诚相待，知无不言，言无不尽，即使得罪了朋友也从不后悔，别人有长处，奖赏唯恐不及；与人交结，必以礼相待，即使有不怀善意的人来，他待之愈恭，使其人能高兴而去；对自己的部下，则能曲尽人情，从不找毛病查办他们。

曾巩一生，仕途不算顺利，但他长期辗转于州郡而不怨天尤人，受朝廷重用而不趾高气扬。元丰四年（1081），神宗降诏书："曾巩史学见称士类，宜典五朝史事。"于是，他便做了"史馆修撰，管勾编修院，判太常寺兼礼仪事"。史称"近世修国史，必众选文学之士，以大臣监总，未有以五朝大典独付一人者"。让曾巩一人负责"典五朝史事"，无疑是朝廷破例的信任和重用。但曾巩入朝辞谢说："此大事，非臣所敢当。"并上《申中书乞不看详会要状》，极力表示谦让之意。元丰五年（1082）四月，曾巩擢拜中书舍人，这是历代文人梦寐以求的一个职位。但曾巩接到任命后，上《辞中书舍人状》，叙说自己"齿发已衰，心志昏塞"。借口年纪大，头脑不清醒，希望辞去中书舍人一职，让朝廷另选贤能。同时，他还上了《授中书舍人举刘攽自代状》，谦退之意甚明。

由此可见，曾巩确实不是一个贪恋高官厚禄的人物，而是一位诚实、宽厚、实事求是、一心考虑为国做事的人。其一生所表现出的精神情操，让后人肃然起敬。

政事不如文章

《宋史·本传》说："吕公著告神宗以巩为人行义不如政事，政事不如文章。"吕公著的话大概是说对了一半。说曾巩"为人行义不如政事"，未必然；说曾巩"政事不如文章"，则颇有道理。

曾巩是欧阳修的得意门生。他在政治上、思想上、文学上都推崇欧阳修，追随欧阳修，也近于欧阳修，但又不同于欧阳修。

曾巩是一个具有正统儒家思想的学者，所以在为文的理论上，他明确主张先道而后文。在《答李沿（yán，一作"沿"）书》中他指出："夫道之大归非他，欲其得诸心，充诸身，扩而被之天下国家而已，非汲汲乎辞也。其所以不已乎辞者，非得已也。"他特别强调文章要重道，重视修身、齐家、治天下的作用，而不应过分重视文辞，适当讲究文辞，那只是"不得已"的事情。韩愈和欧阳修虽也说过重道的话，但他们都是重道而不轻文的；曾巩虽也不排斥文，但比韩、欧更重视文章的明道作用。《宋史·本传》称他的文章多"本原六经"；宁瑞鲤在《重刻曾南丰先生文集序》中称其文"乃六经之羽翼"，很有道理。先道德而后辞章，是他一生为文之宗旨。

曾巩中进士、做官较晚，但其文章写得好，早已是天下共知了。"所为文，落纸辄为人传去，不旬月而周天下，学士大夫手抄口诵，惟恐得之晚矣。"（曾肇《南丰先生行状》）其文在当时受欢迎的情况，于此可见一斑。

曾巩认为，"大贤者"之文，应该"明圣人之心于百代之下"。故其文多为"明道"之作，"皆因事而发""言古今治乱得失，是非成败，人贤不肖，以致弥纶当世之务，斟酌损益"，涉及历史和现实生活的各个方面，绝少空谈。这些文章既是珍贵的文学作品，又往往具有较高的史料价值。

曾巩的文章长于叙事，用极少的文字即能写出复杂事情的始末梗概。如其名作《越州赵公救灾记》，记熙宁八年（1075）越州知州赵抃（biàn）主持救灾工作的始末，事件千头万绪，文章却写得层次分明，细密而有条理；《秃秃记》仅用五百余字便将秃秃这个五岁小儿的悲惨经历叙写得有声有色；《李白诗集后序》更是仅用短短的三百字便记叙了李白一生曲折坎坷的经历。曾巩的文章说理透彻，且极少枯燥的说教，多是通过叙述事实来阐明道理。如他的名作《墨池记》，表面上是在记王右军墨池，然其本意则在借事立论，提倡深造儒家道德，同时他强调了后天学习的重要。再如其《鹅湖院佛殿记》，名为记佛殿，实则借此来解释佛教对国计民生有害无益。曾巩的文章虽不刻意追求文采，但其语言朴实自然，文从字顺，别是一家。曾巩文章虽不及韩、柳、欧、苏（轼）之汪洋恣肆、多姿多彩，但其委婉稳重、结构严谨、条理清晰、语言简朴，便于初学。《宋史·本传》称："曾巩立言于欧阳修、王安石间，纡徐而不烦，简奥而不晦，卓然自成一家，可谓难矣。"这"纡徐""简奥"，可以说是概括了曾巩文章的主要风格特点。

曾巩为文，力追韩、欧，也确有似韩、欧之处，但终不能超越韩、欧，而往往不及韩、欧。然其儒者之见、学者之风，又使其文力追韩、欧而不失自己的特色。曾巩之文，之所以能在高手如林的唐宋两代，跻身于"八大家"之列，即在于其有自己独特之处。

当然，对于曾巩入选唐宋八大家，历代都有人持不同意见，如清代的袁枚就说过："曾文平钝，如大轩骈骨，连缀不得断，实开南宋理学一门，安得与半山（王安石）、六一（欧阳修）较伯仲也？"（《书茅氏八家文选》）。曾巩之文，成就的确比不上韩、柳、欧、苏，也比不上王安石和苏洵，这是事实；但在唐宋两代，八大家之外的古文家中还真找不出能与曾巩抗衡者，这也是事实。所以尽管历来有人有意见，但都未能动摇曾巩"唐宋八大家"之一的地位。

曾巩之文不仅在当时名声很大，而且也以其文必及道和文风严谨平正而对后世产生了重要影响：南宋的朱熹等理学家都十分推崇并有意模仿曾巩之文；到清代的桐城派，更是深受曾文的影响，"曾文定公"的大名几乎是无人不晓。

曾巩一生为官二十余年，在地方、在朝廷都做过一些有益之事，史称有政绩，但大多是历代清官循吏之所作为，并无突出的政绩可言。所以，他名闻后世的，不是他的政事，而是他的文学，尤其是他的散文。他以杰出的古文家名传千古，而不以政治家名世。

谁说曾巩不能诗

曾巩的文学创作有相当高的成就,尤以散文名世。因此,在一般人的印象中,曾巩似乎不大会写诗。

相传有这么个故事:当时有个怪人叫刘澜才,常对别人说他平生有五大憾事:一恨鲥鱼的刺太多,二恨金橘的味道太酸,三恨莼(chún)菜的菜性过冷,四恨海棠花的香味不浓,五恨曾巩不会写诗。他的前四件憾事不管大不大都无关紧要,唯有这第五件以曾巩不会写诗为生平一大憾事,则的确是一个误判。

大概也就是这种错误的印象,致使后世一些学者也发出过类似的声音:如北宋末年的陈师道,在其《后山诗话》中即说"曾子固短于韵语";南宋赵与时在其《宾退录》中也说:"曾子巩文章妙绝古今,而有韵者辄不工。"这些名人的看法广为流传,无疑又加深了人们对曾巩不会写诗的印象。

其实,曾巩并非不会写诗。他不但会写诗,而且数量不少,质量也不差。曾巩一生一共写过多少诗,我们不得而知。今天存于其《元丰类稿》中的诗,就有古诗五卷,191首,律诗三卷,219首,合计四百余首。一位诗人能有四百余首诗传世,数目已是相当可观了。

曾巩的诗不但有一定数量,而且在思想上和艺术上也都有其明显的特点。曾巩一生经历比较丰富,故其诗内容也比较充实。如其《胡使》一诗,描写了北宋与辽和西夏的紧张关系,及由于政策失当而造成的"斗食尺衣皆北输"的局面;其《追租》一诗,深刻地反映了社会矛盾的尖锐,表现了对贪官暴吏的憎恶和对贫苦农民的深切同情。曾巩一生多处逆境，仕途坎坷，其胸中所郁结的愤懑和不平，多在其诗中得以充分表现。如其《橙子》一诗，借香橙遭到冷遇来写自己的怀才不遇；在《冬望》一诗中，他发出了"我生智出豪俊下，远迹久此安蒿莱"的不平之音；在《一鹗》一诗中发出"酒酣始闻壮士叹，丈夫试用何时遭"的喟（kuì）叹。当然，曾巩诗中也不乏景物的描写。如其《西楼》一诗，写海滨暴风雨来临时的壮美景象："海浪如云去却回，北风吹起数声雷。朱楼四面钩疏箔，卧看千山急雨来。"诗人"卧看"浪卷、云涌、雷鸣、雨急，很有情味。再如其《甘露寺多景楼》一诗，用鲜明的色彩描绘山川掩映的壮丽图景："云乱水光浮紫翠，天含山气入青红。一川钟呗淮南月，万里帆樯海外风。"对仗工整，颇富气势。而尾联"老去衣衿尘土在，只将心目羡冥鸿（高飞的鸿雁）"表明诗人虽老境将至，仍有志在展翅高飞的远大抱负。此外，如其《离齐州后》（五首之一）："云帆十幅顺风行，卧听随船白浪声。好在西湖波上月，酒醒还到纸窗明。"也写得古朴典雅，格调超逸。

由此足见，曾巩非无好诗，更非不能为诗。其诗吸收了韩愈、欧阳修诗歌散文化、议论化的某些特点，又有自己古朴醇厚的个性。清人方东树说："以句格求之，则其至者，直与陶（渊明）、谢（灵运）、鲍（照）、韩（愈）并有千古。"（《昭昧詹言》）此话说得有点过头，但曾巩能诗，且有自己的特点，确是千真万确的。只不过他也有和韩、柳、欧的共同之处：因其文更有名气，诗名为文名所掩。人们提到他们时，首先想到的是他们的文章，是最杰出的古文家，如此而已。

小档案

曾巩（1019—1083），字子固，建昌南丰（今江西南丰）人，后人称南丰先生。曾氏世代为儒，亦世代为官。曾巩少警敏，十二岁能文，二十岁之后，其文受到欧阳修的赏识。宋仁宗嘉祐二年（1057），欧阳修知贡举，曾巩中进士，历任太平州（今安徽当涂）司法参军、馆阁校勘、集贤校理，后又知齐州（今山东济南一带）、襄州（今湖北襄阳一带）、洪州（今安徽亳州）等。元丰三年（1080）曾巩受到神宗召见，次年，为史馆修撰，"典五朝史事"。元丰五年（1082），擢拜中书舍人，次年病故，享年六十五岁。卒赐"文定"，后世亦称曾文定公。

曾巩一生，政治上无突出见解。其任地方官十余年，史称有政绩。

在文学方面，曾巩主张先道而后文，不大讲求文采，然其文章淳朴自然，从容周详而条理分明。《宋史》说："曾巩立言于欧阳修、王安石间，纡徐而不烦，简奥而不晦，卓然自成一家，可谓难矣。"纡徐简奥，是其"古文"的主要特色。其散文曾与欧阳修、王安石齐名，为唐宋八大家之一。其文深受南宋朱熹的推崇，成为后世"正统派"古文家的模拟对象之一。

有《元丰类稿》传世。

曾巩名段名言

法者,所以适变也,不必尽同;道者,所以立本也,不可不一。(《战国策目录序》)

凡正人之道,既富之,然后可以责善。(曾巩《洪范传》)

积其小者,必至于大;积其微者,必至于显。(《熙宁转对疏》)